분산적 리더십

미래를 위한 학교 리더의 방향

DISTRIBUTED SCHOOL LEADERSHIP : DEVELOPING TOMORROW'S LEADER

분산적 리더십

미래를 위한 학교 리더의 방향

Alma Harris 지음 | 이석열 · 김규태 · 주영효 · 손보라 옮김

Σ 시그마프레스

분산적 리더십

미래를 위한 학교 리더의 방향

발행일 | 2011년 3월 2일 1쇄 발행

저자 | Alma Harris
역자 | 이석열, 김규태, 주영효, 손보라
발행인 | 강학경
발행처 | (주)시그마프레스
편집 | 홍선희
교정·교열 | 김은실

등록번호 | 제10-2642호
주소 | 서울특별시 마포구 성산동 210-13 한성빌딩 5층
전자우편 | sigma@spress.co.kr
홈페이지 | http://www.sigmapress.co.kr
전화 | (02)323-4845~7(영업부), (02)323-0658~9(편집부)
팩스 | (02)323-4197

ISBN | 978-89-5832-933-6

Distributed School Leadership: Developing tomorrow's leader

＊책값은 책 뒤표지에 있습니다.

역자 머리말

집을 지을 때 콘크리트건물인가 목조건물인가에 따라 적합한 재료의 선정과 건축방식이 다르며 집의 구조도 달라진다. 마찬가지로 학교도 건축자에 따라 다양한 건축 설계와 구조가 다양하듯 학교 리더에 따라 다양한 학교 운영이 가능하다. 학교는 군대나 기업과는 달리 학교조직만의 특성을 가지고 있으며, 이에 맞는 적합한 리더십이 요구되고 있다. 학교조직에서 급변하게 일어나는 환경변화에 맞춰 기존의 조직관리 방식에서 벗어나 스스로 역동적으로 움직이는 새로운 리더십의 적용이 더욱 강조되고 있다.

교사들은 "교장선생님이 변해야지, 우리가 아무리 무엇을 하려고 해도 소용이 없어요!"라고 말하곤 한다. 이에 반해서 교장들은 "우리 학교 선생님들은 적극적으로 움직이려고 하지 않고 마지못해서 하려고 하기 때문에 무엇인가를 시도하기가 쉽지가 않아요!"라고 말한다. 서로 간에 신뢰를 형성하지 못하는 이러한 문제를 해결하기 위해 학교조직을 새롭게 정립하고 교사들이 학생들에게 더 다가갈 수 있는 방법은 무엇일까? 어떻게 하면 진심으로 학생중심의 교육 목적에 다시 집중하여 학교를 새롭게 하는 학교 공동체를 형성할 수 있을까?

핀란드가 교육성취도에서 1위를 자치하였다. 핀란드에서 교직은 매우 인기 있는 직종이다. 모든 교사들은 가르치면서 학교 전반에 걸친 책임을 지며 다른 학교의 변화와 발전을 지원한다. 핀란드에서 학교조직은 신뢰, 협동, 책임감을 기본적인 핵심가치로 삼는다. 반대로 미국이나 영국의 학교는 책무성을 요구하는 한편 교사에 대한 신뢰는 낮은 편이다. 우리나라 학교 현실도 크게 다르지 않다고 본다. 교사들은 너무 바쁜 나머지 자기가 원하는 것조차도 가르치지 못한다.

앞으로 우리 학교의 문제 해결을 위한 지도성은 한 개인이 갖고 있는 능력이나 특성을 중시하는 기존의 지도성 개념을 가지고는 해결되지 않을 것이다. 미래를 위한 학교 리더의 방향인 분산적 리더십은 한 개인의 능력이나 특성이 아닌 조직구성원들과 안팎의 환경이 상호작용을 통해 새로운 관점의 지도성을 형성한다고 보는 것이다. 미래를 위한 학교 리더의 방향은 교장, 교사, 부모, 학생, 행정직원 그리고 여러 전문가들 모두가 잠재적 리더이자 변화의 주역이 되는 것이다. 분산적 리더십은 지속 가능한 리더십을 폭넓게 퍼져 나가도록 공유하는 리더십이다. 분산적 리더십이 꽃을 피우려면 높은 신뢰를 가지고 서로 간에 긍정적인 관계를 형성하는 응집력 있는 문화가 중요하다.

이 책의 제1장에서 밝힌 것처럼 이 책의 목적은 다양한 시각에서 분산적 리더십을 고찰하고, 분산적 리더십이 조직에 미치는 영향이 긍정적인지 부정적인지를 검증하여 독자들이 선택할 수 있도록 하는 데 있다. 분명한 사실은 분산적 리더십은 단순히 권한위임과 동일시하려는 것이 아니라는 점과 교장의 역할을 약화시키려는 것이 아니라는 점이다.

이 책을 번역하려고 했던 취지는 미래를 위한 학교 리더의 방향으로 분산적 리더십이 학교에서 어떤 형태로 자리 잡게 될지 윤곽을 그려 보고 조직 및 개인의 학습에 긍정적인 변화를 가져올 수 있도록 안내하고자 하는 데서 출발하였다. 이 책의 번역에 공동으로 참여하면서 실제 번역 작업 자체가 분산적 리더십의 실행으로 이루어졌지 않았나 하는 생각을 한다. 번역을 함께한 사람들이 지리적으로 가깝지 않은 거리에 있었음에도 이 책이 출판될 수 있었던 것은 서로에 대한 신뢰와 협동이 있었기 때문이었다. 그럼에도 번역서 출간에 앞서 성취감보다는 걱정이 앞서기도 한다. 최대한 독자들에게 원어의 의미를 살리며 분산적 리더십을 소개하려고 노력했지만 번역상의 어려움이 없지 않았음을 고백한다.

이 책의 번역에서 출간 과정에 함께 해 주시면서 격려와 지원을 해 주신 주삼환 교수님께 진심으로 감사드립니다. 또한 이 책의 출판을 맡아 주신 (주)시그마프레스의 사장님과 이하 직원들에게 감사를 드린다.

마지막으로 이 책을 통해 학교조직의 지도성에 대한 새로운 이해가 이루어지고, 학교 현실에 대한 반성과 아울러 새로운 의욕과 자신감으로 고무된 활기찬 학교가 곳곳에서 만들어지길 바란다.

역자 일동

머리말

교육계, 특히 학교 리더십과 경영 분야에서 일시적 유행은 흔한 일이다. 더욱이 일시적 유행은 학교에서만큼이나 학계에서도 빈번한 일이다. 새로운 일을 하고 있다는 것을 보이려는 노력의 일환으로 학자, 정책 입안자, 전문가들은 최신 유행으로 치장한다. 지난 10여 년간 학교 리더십과 경영에 대한 분산적 시각을 명료하게 발전시키고자 한 노력의 결실로 분산적 리더십은 확실히 성행하고 있지만, 이는 결국 학교 리더십 연구자들과 전문가들에 의해 채택된 또 하나의 교육적인 유행이 될 수도 조만간 사라질 수도 있다. 시간이 지나면 그 결과를 알 수 있겠지만 한편으로는 이 책처럼 분산적 시각이 갖는 의미가 무엇인지에 대해서 심도 있는 논의를 하는 서적들은 일시적 유행을 단절시킬 수 있는 좋은 방법이 될 것이다.

이 책의 저자인 Harris는 분산적 리더십을 이론에 기반하여 기능적 또는 실용적으로 접근하고 있다. 저자는 분산적 리더십이 학교 현장에서 어떻게 적용되는지 고찰하면서 리더십에 대한 분산적 시각이 개인 및 조직 수준에서 어떠한 특징을 갖는지 구체적인 예시를 통해 탐색하고 있다. 풍부한 실례와 함께 이어지는 내용들은 리더십과 경영에 대한 분산적 시각의 실제적인 내용들을 독자들에게 생생하게 전달해 준다. 이러한 관점은 현재 상황을 개괄적으로 보여 줄 뿐 아니라 앞으로의 상황을 그려 볼 수 있도록 해 준다.

이 책은 변화하는 정책 환경과 인구 통계에 관한 폭넓은 사회 정치적 맥락과 아울러 지식의 접근성 측면에서 빈곤층과 부유층의 격차를 더욱 심화시키고 있는 교육 차별 정책에 초점을 두는 동시에 학교 리더십과 경영에 관심을 가질 필요성을 주장하고 있다. 이러한 폭넓은 환경의 변화들은 공식적으로 지명된 리더들이 학교 리더십과 개선에 대해 진지하게 관심을 갖도록 설득력 있는 사례를 보여 주고 있다. 또한 저자는 그러한 책임을 다하기 위해서 새로운 도구가 필요하다고 주장한다. 여러 장에 걸쳐 이러한 도구에 대한 사례를 제시하고 있을 뿐만 아니라 이러한 도구에 대한 특징들을 개괄하고 있으며, 학교 현장에서 어떤 모습으로 나타날지에 관한 실례를 제시하고 있다.

저자는 교육 안팎의 다양한 문헌들을 다루면서 학교 리더십과 경영이라는 익숙한 현상에 대한 몇 가지 새로운 아이디어를 제시하고 있다. 분산적 리더십에 관한 연구와 조직학습 및 지식창출을 연계한 이 책은 학교 개선, 즉 지식, 창의력, 학교와 학교시스템의 확산을 핵심적으로 다루고 있다. 각 장들은 학교 리더십 개선에 관심 있는 사람들이 학교 구조, 즉 실제와 가상 구조들이 어떻게 지식의 생산과 보급을 가능하게 하고 제약하는지에 관하여 유용한 조언을 제공하고 있다.

미래의 학교를 상상하는 시도는 호기심을 불러일으키기에 충분하다. 물론 앞으로 학교가 어떻게 재편될지에 대한 이러한 논의가 계속될 것인지는 시간이 알려 줄 것이다. 새로운 신세계를 상상하는 일은 실행에 옮기는 것보다 훨씬 쉬울 수 있다. 그러나 그것이 중요한 첫 단계이다.

Jim Spillane
미국, 시카고
2007년 12월

차례

제3장 분산적 리더십

제4장 분산적 리더십 : 이론

제5장 분산적 리더십 : 증거

제6장 맥락상의 분산적 리더십

변화하는 세계 속의 리더십

제 **01** 장

변화하는 세계 속의 리더십

리더십 모형이 리더를 중심으로 한 조직적인 위계에서 권한이 폭넓게 분산되고 공유되는 네트워크 형태로 변화하는 추세이므로 조직 구성원들은 자신의 역량을 더 함양하여 앞으로 추구하는 바를 달성하고자 더욱 정진해야 한다(Senge et al, 2005:186).

미국을 포함한 선진국에서 가난한 지역에 사는 사람들의 평균 수명은 부유한 지역에 사는 사람보다 5년, 10년, 많게는 15년 더 짧다(Wilkinson et al, 2005:1).

요즘처럼 급변하는 환경과 리더에 대한 역할기대가 높은 상황에서 효과적인 리더십은 예전보다 더욱 더 요구되고 있다. 그러나 문제는 어떤 형태의 리더십이냐 하는 것이다. 이렇게 거대한 규모의 변화 속에서 새로운 형태의 리더십이 요구되지만, 기술의 발전과 세계화에 대한 복잡한 특징들과 도전을 받아들일 수 있는 리더십의 분명한 형태는 아직도 모호한 상태이다. 무역과 금융 거래에 따른 세계 경제의 통합 증가로 인해 신흥 시장 경제는 더욱 통합되고 상호의존성이 높아지고 있다(Zhao, 2007). 경제의 세계화는 정치와 사고체계의 세계화를 추월해 왔다(Stiglitz, 2006:25). 국가들 사이에 존재했던 전통적인 경제의 경계는 빠른 속도로 무너지고 있다. 경제의 세계화는 거스를 수 없는 대세이다.

그러나 세계화는 세계 도처에서 위기를 불러일으키고 있다(Zhao, 2007:18). 세계 곳곳에서 부와 번영의 수준은 점차 높아져 가고 있지만, 상대적인 빈곤의 수준도 전례 없이 높아지고 있으며 빈부의 격차는 점차 벌어지고 있다. 세계의 경제시장이 선진국이나 후진국에서 모두 변화하고 있는 상황에서 고등교육을 받은 사람과 받지 못한 사람 간의 불평등도 커져가고 있다.

대부분의 선진국에서는 부유층이 급격히 증가하고 있지만 빈곤층에 속한 하위 계층도 늘어나고 있다. Naomi Klein의 저서 『The Shock Doctrine』에 따르면, 빈곤, 불행, 인간의 고통은 새로운 자본주의 '재앙'의 필수조건이라고 주장한다. 그녀는 세계의 자유시장이 민주적으로 얼마나 승리를 거두었는지 반문하면서, 미국의 '자유시장' 정책이 재난으로 충격 받은 국가와 국민을 착취하는 방식으로 세계를 지배하고 있다고 주장한다.

David Berliner는 빈곤과 교육 성취와의 관계를 분석한 결과, 미국의 영구 빈곤층이 선진국들 중에서 가장 높게 나타났다고 밝힌다. 그림 1.1을 보면, 멕시코만 미국보다 높은 비율이며 영국은 19.8%로 4위를 차지하고 있다. Berliner(2005)는 또한 미국과 영국처럼 많은 부유한 국가들은 빈곤층이 된 국민을 다시 구제하는 메커니즘이 거의 없다고 지적한다. 질병, 이혼

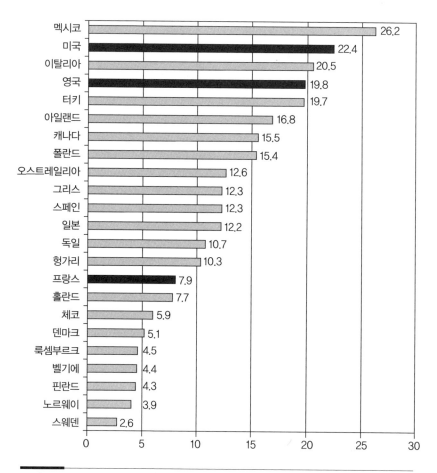

그림 1.1 가계 소득이 국가 평균 수입 중 50% 이하에 속한 '상대적' 빈곤층에 있는 아동의 비율(UNICEF, 1999, http://www.unicef.org)

혹은 실직으로 빈곤층이 될 경우 가난한 상태가 지속되기 쉽다는 것이다.

가진 사람은 더욱 부를 축적하고 가난한 사람은 더욱 가난하게 된다. 교육을 잘 받은 사람은 부유한 경제 시스템으로 접근할 기회가 주어진다. 교육을 받지 못한 사람에게 기회의 문은 '잔인하게 닫혀' 버린다(Barr and Parrett, 2007:7). Berliner(2005:15)의 주장에 따르면, '가난은 사회·경

제적 수준이 낮은 아동이 그들의 선천적 재능을 발휘할 기회를 제한한다.'
가난이 교육 정도는 물론 인생의 기회까지 제한한다는 것은 분명하다.

빈곤 문제를 해결하기 위한 도덕적 의무는 물론 교육적 의무도 분명히
존재한다. 전반적인 성취수준이 높아져도 빈곤층과 상위 계층 학생 간의
교육 성취도의 차이는 점점 커지고 있다. Fullan(2006:7)의 주장에 따르
면, '경제 수준을 높이고 빈부 격차를 시급히 줄여야 한다.' 이 점에 대해서
는 아무도 반박하지 않을 것이다. 그러나 빈부 격차를 줄이는 데 필요한 교
육과 학교, 그리고 리더십은 무엇일까?

이 책은 교육성취로 가난한 사람과 부유한 사람을 분리하는 교육차별주
의(educational apartheid)를 해소하는 데 초점을 두고 있다. 특히 모든 학
교 환경에서 모든 학생들을 위해 학습을 증진하는 한 가지 방법으로서 학교
리더십에 중점을 둔다. 즉 학교와 학교시스템을 변화시키는 중요하고 강
력한 요인으로 리더십을 강조하고 있다.

McKinsey(2007:71)의 보고서는 다음과 같이 주장한다.

> 학교 개혁을 이루기 위해서는 시스템 차원은 물론, 개별 학교 차원에서
> 모두 효과적인 리더십이 바탕이 되어야 한다. 학생의 학업 진행 과정을
> 성공적으로 전환하는 데 있어서 훌륭한 리더십 없이 이루어진 사례는 한
> 건도 없다. 마찬가지로 지속적이고 헌신적이며 재능이 뛰어난 리더십 없
> 이 학교시스템이 올바르게 자리 잡은 사례 또한 단 한 건도 없었다.

학교와 학교시스템이 직면한 중요한 과제는 헌신적이고 재능이 뛰어난 리
더십을 어떻게 찾아내서 개발하고 유지하느냐에 있다. 어떻게 하면 미래의
리더들을 발굴하여 학교와 학교시스템 속에 자리 잡게 할 수 있을까? 어떻
게 하면 학교에서 광범위한 리더십 역량을 양성, 성장, 개발시킬 수 있을까?

이 책에서는 미래의 리더들을 발견하고 육성하는 일이 시스템 전환을 위해 시급하게 필요하다고 제안한다. 다시 말해서, 학교 환경에서 리더십 능력과 역량을 발휘하려면 학교 구조를 변화시키고 경계선(boundaries)을 재설정하며, 소수의 리더십이 아닌 다수에 의한 광범위한 참여를 저해하는 장벽을 허물어야 한다. 가장 효과적인 학교와 학교시스템은 리더를 개발하는 데 투자한다. 적극적으로 리더십 재능을 발굴하고 초기의 경력단계에서부터 능력개발의 기회를 제공하고 있다(Harris and Townsend, 2007).

2007년 핀란드가 교육 성취도에서 1위를 차지하였다. 교사 연수 기회가 주어질 때마다 10 대 1의 경쟁률을 기록하는 핀란드에서 교사는 매우 인기 있는 직종이다. 모든 학교의 리더는 가르치면서 시스템 전반에 걸친 책임을 가지며 다른 학교의 변화와 발전을 지원한다. 핀란드 내에서 학교교육은 사유재가 아닌 공공재로 인식되기 때문에 학교시스템은 신뢰, 협동, 책임감을 기본적인 핵심 가치로 삼는다.

반대로, 미국과 영국 학교의 시스템은 높은 책무성 메커니즘을 요구하지만 교사에 대한 신뢰는 낮은 편이다. 많은 학교의 리더들은 너무 바빠서, 심지어 자기가 원하는 것조차도 가르치지 못한다. 그렇다면 어떻게 학교와 학교시스템을 재정립하여 리더들이 학습에 더 근접하게 할 수 있을까? 어떻게 하면 교육의 도덕적 목적에 다시 집중하여 도달하고자 하는 목표에 앞서 학습을 우선순위로 하는 미래의 리더를 길러낼 수 있는가?

학교 리더를 늘리는 것만으로는 성취도 차이를 좁히지 못할 것이다. 이것은 지역사회와 젊은 계층의 삶의 기회에 영향을 주는 부정적이고 뿌리 깊은 사회 및 경제 조건을 개선함으로써 가능하게 될 것이다. 교육 개선을 향한 다양한 노력 역시 사회·경제적 불평등을 감소시키는 폭넓은 문제들 중 극히 일부분에 지나지 않기 때문이다(West and Pennell, 2003; Harris and Ranson, 2005).

우리는 학교의 요인이나 영향력 내에서 학습결핍을 모두 상쇄시킬 수 없다는 것을 알고 있다. 그러나 학교가 변화의 주역으로 젊은 계층, 특히 빈곤 지역에 거주하는 청소년들의 삶의 기회에 변화를 가져다줄 것이라는 것은 명백하다(Harris et al, 2006a, 2006b; Reynolds et al, 2006). 모든 학교, 특히 빈곤 지역의 학교 내에서 리더십은 낮은 기대와 성취를 끌어올리는 데 매우 중요한 요인이다. 리더십의 질은 교육과정과 수업 다음으로 학습결과에 영향을 미치는 가장 중요한 요인으로 알려져 있다(Leithwood et al, 2006a, 2006b). 문제는 어떤 유형의 학교 리더십이 모든 환경 속에서 모든 아동들의 학습을 성공적으로 이끌어 줄 수 있는가에 있다.

이 책에서는 학교에서 리더십을 발휘하는 새로운 형태로 분산적 리더십을 심도 있게 분석한다. 즉 이론, 실행 및 경험적 증거를 바탕으로 분산적 리더십을 고찰하고, 분산적 리더십이 조직 및 개인 수준에서 학습을 향상시키는 잠재력이 있는가를 탐구한다. Youngs(2007:1)가 지적하듯이, '대중화(popularisation)'에 대한 쟁점은 리더십의 분산적 형태가 또 하나의 '일시적 유행'으로 끝날 수도 있다고 본다. 분명 맞는 말이다. 그러므로 분산적 리더십을 객관적으로, 비판적으로, 정보에 입각하여 경험적 관점으로 고찰하는 것이 중요하다.

분산적 리더십이 권한의 위임 정도밖에 되지 않는다고 밝혀진다면 우리는 이 사실을 인지하고 다른 방도를 찾아야 한다. 학교 리더십에 대한 이해의 폭을 넓힐 수 있는 잠재력을 가지고 있을 뿐만 아니라 리더십의 종래 방식과 지배적인 관점을 버리거나 더 나아가 청산할 수 있다면 계속 추진할 가치가 있다. Youngs(2007:1)가 지적하듯이, 기존의 리더십을 청산하기 위해서는 용기가 필요하다. 분산적 리더십은 학교와 학교시스템 내부 및 전역에 걸쳐 권력과 자원의 전환을 요구한다. 즉 대안적인 리더십 형태를 지원하는 새로운 학교 구조가 필요한 것이다. 하지만 새로운 학교 구조는 필연적으로 비난과 저항, 심지어는 현재의 방식을 그대로 유지하려는 기득권의 비웃음을 받을 것이다.

그러나 오늘날 학교와 학교시스템의 변화에 대한 압력은 심각하다. 학교와 학교 운영의 중대한 변화를 필요로 하는 지역, 국가 및 세계적 움직임이 많다. 세계화, 고용 기회의 변화, 학교 리더를 채용하는 방식의 변화는 변화의 주요 동인이다. 변화의 압력은 무차별적이고 끊이지 않으므로 이를 무시할 수는 없다.

이들 변화의 요인들은 다음 절과 장에서 알아볼 것이다. 학교를 조직하고 리더십에 대한 다른 접근을 채택하는 대안을 고찰하려는 근본 이유는 모든 청소년들의 학습경험을 더욱 향상시키려는 데 있다. 이는 주로 배경과 맥락에 상관없이 모든 학생의 교육적 성공과 관련이 있다.

사회적 · 경제적 · 세계적 '변화의 힘(change forces)'에 대한 분석 결과는 학교와 학교시스템 내부에 새로운 조직 형태와 리더십 실행이 시급하게 요구된다는 것을 보여 준다. 21세기의 리더십 실행을 형성하는 데 20세기 구조를 적용할 수는 없다. 그러나 이러한 변화 요인들 중 교육의 도덕적 목적만큼 중요한 요인도 없다. 즉 학교의 리더십 구조와 실행을 변화시키고자 노력하는 이유는 모든 학생의 학습 및 삶의 기회가 개선될 것이라는 확신이 있기 때문이다.

세계화

변화의 추진력인 세계화는 거대한 규모로 사회와 문화를 빠르게 재편성하고 있다. 직업에 대한 개념이 재정의되고 조직의 경계선이 재정립되고 있다. 변화의 속도는 무차별적으로, 때로는 무서운 속도로 밀려오고 있으며, 학교 개선에 대한 요구도 그 전례를 찾아볼 수 없을 정도다. Bernake(2006:833)가 지적했듯이, '기업은 한 장소에서 하나의 과정으로 제품을 생산하기보다는 비용을 최소화할 수 있는 장소에서 생산 과정을 세분화하여 각 단계에서 실행을 할 수 있도록 점점 분리되고 있다.' 이론적으로 기업은 전 세계에서 시간, 장소에 구애 받지 않고 직원을 채용할 수 있다. 오늘날 아웃소싱은 흔한 일이며, 수백만 명의 중국인과 인도인이 미국 기업에서 지역에 상관없이 근무하고 있다(Zhao, 2007:832). 세계 시장은 빠르고 복합적이며 다양성을 지닌다.

Thomas Friedman(2006:828)은 21세기의 '평평한 세계(flat world)'를 재정의, 재편성하는 열 가지 요인을 제시한다. 기본적으로 그는 전 세계 기업의 경계선과 장벽이 대대적으로 무너지면서 보다 수평적인 세계와 경쟁이 심화된 환경을 형성한다고 주장한다. 그는 또한 '평평한 세계'에 적합한 리더십은 **창의성, 융통성, 간편성, 독창성**을 겸비해야 한다고 주장한다. 이러한 형태의 리더십은 조직 경계선 혹은 구조의 제약을 받지 않는다.

그러나 세계적 흐름에도 불구하고 리더십은 여전히 전통적인 방식에 머물러 있다. Senge(2005) 등은 다음과 같이 제안한다.

진취적인 집단들의 앞을 가로막는 장애물 중 하나는 리더가 탄생하기를 기다려야 한다는 사고에 있다. 다시 말해, 미래의 방향을 제시해 줄 누군

가를 기다린다는 것이다. 나는 리더십을 발전시키는 열쇠가 특정 인물에 의존하지 않는 새로운 형태의 리더십을 양성하는 데 있다고 생각한다(p. 185).

모든 조직에 있어서 미래의 경쟁력은 **창의력**에 달려 있다. 어떤 분야든 변혁적이고 혁신적인 능력에 따라 최고의 조직이 정해질 것이다. 리더십은 변화에 적응하고 빠르게 진행하는 데 필요하다. 기술과 커뮤니케이션의 급속한 진보로 리더와 리더십은 거대한 도전에 직면할 수밖에 없다. 특히 학교의 경우가 그렇다.

개인과 그들이 속한 조직 간의 연결 고리가 느슨해지는 상황에서 활동 패턴이 중심부와 통제 지점으로부터 멀어지고 있다. 조직의 기능이 점점 지리적으로 분산되는 추세에서 기존의 리더십 실행, 특히 계층적 형태가 유지될 수 있을지가 의문으로 남는다. Senge 등(2005)은 '전 세계가 네트워크로 이어지는 세계에서 계층적인 리더십은 본질적으로 부적절한 문제에 직면하게 된다(p. 186)'고 지적한다. 또한 '기계의 시대(machine age)' 개념으로 사고를 하는 한, 과거의 방식대로 조직을 운영하게 되고, 시대에 부합하지 않는 방식으로 리더십을 실행하게 된다고 지적한다.

다른 시각으로 리더십을 보려면 리더십과 그 실행에 대한 습관적인 사고방식을 버려야 한다. 모든 중요한 과학적 발견에는 기존의 통찰방식을 버릴 줄 아는 능력이 꼭 필요하다. Senge 등(2005:84)이 말한 낡은 체계가 새로운 현실에 적용되지 않는다는 '새롭게 다가오는 미래를 느끼는 것'이 필요하다. 기술의 발달이 가속화될수록 Joseph Schumpeter(1942)가 명명한 상품, 기업, 심지어 산업 전반에 걸친 '창조적 파괴(creative destruction)'가 확산되고 있다. 예측이나 반복을 허용하지 않고, '모든 기업이 생산의 기지처럼 운영되기보다는 일종의 지식의 카지노처럼 운영되는 경우가 늘어나고 있는 것이다(Senge et al, 2005:84).'

David Hargreaves(2007)는 연구에서 시스템 리더십은 교장이 지속 가능한 시스템 차원의 변화를 추진하는 것 이상이어야 한다고 주장한다. 그는 시스템 재설계로 학교 운영의 체계를 개선시켜야 하며, 리더십이 어떻게 시스템의 재설계에서 강력한 재구성의 요소가 될지에 중점을 두어야 한다고 주장한다(Hargreaves, 2007:27). 이러한 리더십을 구성하는 다섯 가지 요소는 다음과 같다.

1. 보다 수평적이고 덜 계층적인 교직원 체계
2. 분산적 리더십
3. 학생 리더십
4. 리더십 개발 및 지속
5. 참여적 의사결정 과정

Hargreaves(2007)는 다섯 가지 구성 요소가 이미 많은 학교에서 시행되고 있으며, 시스템 재설계는 학교가 변화와 전환을 추진하는 과정에서 일어난다고 주장한다.

교육 환경이 급진적이고도 지속적으로 변화하고 있으므로 기존의 학교 리더십과 리더십 실행에 대한 이해 방식을 재고할 필요가 있는 것이다. 많은 국가에서 학교는 더 이상 교육을 제공하는 중심이 아니다. 여러 기관과의 협력, 파트너십, 네트워크가 현대 교육 변화의 공통분모로 작용한다. 대안적인 리더십 실행을 새롭게 만들어야 한다는 요구가 생겨나고 있으며, 조직 간의 공조와 다양한 기관의 협력은 새로운 리더의 출현을 위한 발판을 제공해 주고 있다. 행정직원, 교사, 부모, 학생 그리고 여러 기관의 전문가들 모두가 잠재적 리더이자 변화의 주역들이다.

'신흥' 세계 경제에서 학교는 모든 가능한 리더십 역량과 능력을 갖추어야 할 것이다. 이것은 학교가 모든 형태의 인적·사회적·지적 자본을 극대화한다면 달성될 것이다. 리더십 역량을 극대화하기 위해서 학교는 우수학교 수준으로 운영 및 시행되어야 한다. 이를 위한 리더십 실행의 급진적인 전환이 필요하다.

좋은 학교를 넘어 위대한 학교로

Jim Collins(2001)는 그의 저서 『Good to Great』 머리말에 '좋은 것(good)은 위대한 것(great)의 적'이라고 하면서, 위대한 학교가 없는 이유 중 하나는 좋은 학교들이 존재하기 때문이라고 주장한다. 대부분의 학교들이 더 좋은 학교가 결코 될 수 없는 이유는 지금도 꽤 좋은 학교이기 때문이다. 그의 주장대로 좋은 학교에 머물기보다는 '더 좋고 위대한 학교'가 되기 위한 조건을 물어본다면, 반드시 리더십에 귀착하기 마련이다.

이 연구의 기반은 매우 명확하다. 리더십은 조직변화와 개발(organizational change and development)의 중요한 수단이기 때문이다 (Leithwood et al, 2006a, 2006b). 리더십은 학교 개선의 강력한 메커니즘이자 조직변화의 주요한 요소이다(Fullan, 2006: Fullan et al, 2007). 이러한 주장의 증거를 살펴보면, 학교 리더십은 학생의 학습결과에 영향을 미치고, 학생 학습에 대한 리더십의 영향력은 중요한 것으로 나타나고 있다(Leithwood et al, 2006a, 2006b).

Jim Collins와 그의 동료 연구자들은 예상했던 대로 '좋은 기업에서 위대한 기업'으로 성공하는 핵심 요인이 리더십이라는 사실을 발견하였다. 그러나 이들 연구자들은 '좋은 기업에서 위대한 기업'으로 변신한 기업들의 리더십 형태에 관한 결과를 보고 놀랐다. 이러한 기업들의 리더는 전제적이거나 카리스마 넘치는 리더가 아닌, 예의 바르면서 결단력 있고 겸손하지만 진취적인 리더였던 것이다. 연구자들은 가장 효과적인 리더는 다음 세대의 더 큰 성공을 위해 다른 사람의 리더십과 리더십 역량을 갖추는 데 투자한다는 점을 발견하였다.

리더십은 5단계로 구분할 수 있다. 최상위 단계(5단계)의 리더는 적극적으로 리더십을 분산하여, 의도적이고 자발적으로 확고하고 자신감이 충만한 팀을 구축하였다. '좋은 것을 넘어 위대함을 추구하는 리더'는 지속적인 변혁에 대한 헌신과 합의를 이루기 위해서 다양한 수준의 리더십을 창출하고 지원하였다. 또한 연구에 따르면 다소 논란의 여지는 있지만, 카리스마 넘치는 리더십은 이점인 동시에 부담이 될 수 있다는 것을 알았다. 경우에 따라서 카리스마 넘치는 리더십은 의미 있는 변화에 필요한 '냉혹한 현실(brutal facts)'을 직원들이 리더에게 전달하는 데 방해가 되기도 한다 (Collins, 2001:89).

리더십의 분산 형태는 조직개발과 변화에 긍정적인 영향을 미친다고 제시하는 증거가 늘어나고 있다(Harris et al, 2007; Leithwood et al, 2007). 분산적 리더십과 조직변화와의 관계에 대한 근거는 아직 윤곽뿐이지만 고무적인 일이라고 할 수 있다. 학교 리더십이 폭넓게 분산되었을 때 학교와 학생에게 훨씬 큰 영향을 미친다는 증거들이 있다(Leithwood et al, 2006a, 2006b; 2007). 이러한 입장은 한 개인 중심의 리더라는 전통적인 개념에 대해 반문을 던지면서 학교 리더십의 실행에 폭넓은 참여를 시사한다.

Caldwell(2006)은 자신의 저서에서 '단위학교 책임경영(self-managing school)의 새로운 이미지'에 대해 조직의 가장 중요한 단위는 교실이나 학교가 아닌 학생이라고 하였다. 또한 학교는 독자적으로 혹은 학교 중앙 시스템에서 학교, 부서, 학급으로 한 부분만을 지원해서는 변화를 이루어 낼 수 없다고 주장한다. 그리고 학교의 성공은 네트워크로 연계를 하거나 연합하여 공동으로 지식을 공유하고, 문제를 해결하고, 자원을 끌어 모으는 능력'에 달려 있다고 하였다(Caldwell, 2006:75). 또한 그는 이러한 역량을 갖고자 한다면 교육과 학습 프로그램 전반에 걸쳐 학교 내부에서는 물론, 네트워크화되어 있고 밀접하게 관련을 맺고 있는 학교들의 전반에 걸쳐 리더십을 분산해야 한다고 제안한다.

교육 분야는 변화를 거듭하고 있으며, 학교 운영의 기존 구조와 경계선도 빠르게 허물어지고 있다. 교육은 인터넷, 구글, 아웃소싱, 24/7세대의 요구와 기대를 통해서 커다란 변화를 겪고 있다. 급속하게 변화하는 세계 속에서 '위대하게(great)' 되려는 조직들은 세계화의 흐름에 맞는 학교 운영에 대한 변화 요구를 충족시키고자 새로운 리더십 역량을 창출하는 데 능숙하게 될 것이다.

Hargreaves와 Fink(2006:95)는 '지속 가능한 리더십은 폭넓게 퍼져 있고 분산되어 있으며 공유되는 리더십'이라고 주장한다. 그들은 '지속 가능한 분산적 리더십'은 교사, 학생, 부모를 자극하여 학생들로 하여금 학업에 보다 더 충실하도록 도와주는 리더십을 개발할 수 있는 기회를 제공한다고 주장한다(p. 95). 즉 분산적 리더십은 리더십 실행에 광범위하게 참여한다는 의미이다(Harris and Lambert, 2003). 또한 공식적으로 리더의 위치에 있는 사람들에게 재구조화와 위험 감수를 요구한다. 교사와 다른 전문가들이 가장 효과적으로 함께 일하는 데 방해가 되는 구조적 장애를 재배열하고 해결할 것을 요구한다.

Fitzgerald와 Gunter(2007)는 '기존의 위계질서로 고착화된 리더십과 경영에서 권위와 책임감을 강조하는 학교 분위기' 속에서 과연 교사 리더십 혹은 분산적 리더십 실행이 일어날 수 있을지 반문한다. 기존의 구조에서 분산적 리더십 실행이 일어나는 것은 어려우며, 이러한 비공식적인 영향과 기관의 형태는 기존 학교의 계층 구조 안에서는 가능하지 않다는 것이다.

그러나 연구결과를 살펴보면, 분산적 리더십은 가장 계층적으로 형성되어 있고, 완전히 구조화된 조직에서도 발휘된다는 것을 보여 준다(Day et al, 2007). 분명히, 일정한 분산 패턴은 특정 조직의 제한 조건 내에서는 그 가능성이 줄어들지만, 분산적 리더십 혹은 교사 리더십이 기존의 계층 구조에서 실행될 수 없다는 의미는 아니다(Fitzgerald and Gunter 2007). 여기서 핵심은 리더십이 문화와 마찬가지로 조직 속에 필연적으로 스며들어 있다는 것이다.

많은 학교들은 분산적 리더십을 더 확대하고, 리더십이 교수-학습에 더 밀접하게 발휘되도록 하기 위해서 의도적으로 학교 구조와 업무의 실행을 변화시키고 있다. 영국의 경우, 정책의제와 '아동 인권 운동(Every Child Matters)'을 재편하는 담당자들은 리더십 구조와 실행을 재설계하는 중요한 기회를 학교에 제공하였다. 새로운 팀이 구성되고, 새로운 행정 과정이 시행되며, 대안적인 구조가 조직되고, 학교와 다른 기관 간의 새로운 관계가 형성되었다(Harris et al, 2007). 학교에서 기존의 리더십 구조는 완벽하게 사라지지는 않았지만 빠르게 무너지고 있다.

또한 Fitzgerald와 Gunter(2007)는 분산적 리더십 형태가 리더들이

'교사들과 그들의 업무가 사전에 정해 놓은 기준에 부합하는지 모니터하는' 권위와 계층 구조를 강화한다고 단순하게 말한다. 이런 방식으로 분산적 리더십을 간주할 가능성이 매우 높지만, 이러한 관점은 분산적 리더십의 특정한 해석을 전제로 한다. 즉 분산적 리더십을 교사에 대한 타인의 '부가적인' 과제 혹은 요구의 분산이라고 보는 것이다. 이러한 해석은 분산보다는 위임에 초점을 두고 있는데, Youngs(2007:7)는 이를 리더십의 위임이 업무를 강화하는 부산물로 **분산된 고통**(distributed pain)이라고 설명한다.

교사 리더십을 연구한 문헌에서 분산적 리더십이 단순히 권한위임의 다른 이름이라는 주장을 반박한다. 이들 연구는 학교에서 교사가 비공식적이거나 일시적인 리더십 역할을 적극적으로 선택한다고 보고 있다(Lieberman, 2007). 즉 교사들에게 부과된 리더십이 아니라는 것이다. 교사들은 특정한 리더십 활동을 선택해서 책임지며 많은 경우에는 리더를 할 수 있는 기회를 주도하기도 한다. 또한 이 연구 자료에 따르면, '교사가 리더십 역할을 책임질 때 주요 관심 대상은 학생의 학습을 향상시키는 데 있다'(Murphy et al, 2006). 무엇보다도 교사 리더들은 본질적으로 교육의 지도자인 것이다.

혁신과 변화를 주도하는 교사들은 자신의 역할을 '리더'라고 반드시 보지 않는다는 사실을 또한 강조하는 증거도 있다. 교사들은 고도의 전문적 선택, 자율권, 책임감을 가지고 업무를 수행한다. 리더십 역할, 계획적인 권한위임, 또는 원하지 않는 부수적인 과제의 분산에서 강압적이라는 증거는 거의 없다. 일반적으로 교사들은 교실과 학교 차원에서 혁신을 위해 부여되는 기회들을 미묘한 착취 행위로 이해하지 않는다(Lieberman, 2007).

맥락적 상황과 의도가 중요하다는 것은 분명하다. 또한 일부 학교에서 분산이 위임과 동일한 의미를 가진다는 것도 확실하다. 공식적으로 리더십 지위에 있는 사람의 동기와 그들의 분산적 리더십에 대한 이해 방식이 중요한 의미를 갖는다. 연구결과에 따르면, 광범위한 분산적 리더십이 존재하는 학교는 전문가에 대한 높은 신뢰를 가지고 있고, 교사와 긍정적인 관계를 형성하는 문화를 가지기 쉽다는 것을 보여 준다.

Bryk와 Schneider(2007)는 그들의 저서에서 조직의 안정과 성장을 위해 조직의 신뢰도가 중요하다고 강조한다. 이들의 연구에서는 분산적 리더십이 꽃을 피우려면 높은 신뢰감과 응집력 있는 문화가 중요하다고 강조한다. 학교 지도자 간의 경쟁을 설명한 Storey(2004)는 일단 경계선과 역할이 중복되면 분산적 리더십의 형태가 취약해진다고 하였다. 즉 개인 간의 신뢰가 없고 권력 투쟁이 일어나는 곳에서 분산적 리더십은 무차별적으로 허물어지는 것이다.

분산적 리더십

이 책의 목적은 분산적 리더십을 홍보하거나 포장하려는 데 있는 것이 아니다. 만약 그렇게 되면 적절한 검증 혹은 상세한 고찰 없이 홍보된 방대하고 불필요한 정보로 인해 리더십 이론의 덫에 빠지게 될 것이다. 이 책의 목적은 다양한 시각에서 분산적 리더십을 고찰하고, 광범위한 증거에 초점을 맞추면서 이론과 실제를 밀접하게 고찰하고자 한다. 또한 영국 학교에 관한 최근 연구에서 나타난 학교의 현재 및 신흥 리더십 실행을 검증하고 조명하고자 한다. 그에 덧붙여, 분산적 리더십 형태와 조직변화 간의 관계와 관련된 증거 자료를 검토하고자 한다(Leithwood et al, 2006a; 2006b; Silins and Mulford, 2002; Spillane et al, 2003; Harris and Muijs, 2004).

이 책은 리더십에 대한 분산적인 관점에 중점을 두면서, 분산적 리더십의 방식과 분산의 다른 형태가 조직 결과에 미치는 영향이 긍정적인지 부정적인지 고찰하는 데 있으며, 교장의 역할을 약화시키려는 것이 아니다. 또한 모든 공식적 리더십 구조 혹은 과정을 없애고자 제안하는 것이 아니라 공식 및 비공식 리더십 지위에 있는 개인의 상호작용과 공동 성과로서의 리더십을 옹호하는 데 있다(Spillane and Camburn, 2006).

이 책은 분산적 리더십을 분석적 입장보다는 해석적이고 규범적인 입장으로 바라본다. 또한 Jim Spillane과 그의 동료들의 분산적 리더십 이론에 대한 중요성과 주요한 기여를 인정한다(Spillane et al, 2001, 2003; Spillane, 2006). 이 책은 의도적으로 분석적 시각에서 벗어나 분산적 리더십에 대해 기능적 혹은 실용적 시각을 취하고자 한다. 이 책의 주요 목적은 분산적 리더십이 학교에서 어떤 형태를 갖게 될지 윤곽을 그려 보고, 조직 및 개인의 학습에 긍정적인 변화를 가져다줄지를 고찰하는 것이다.

분산적 리더십의 시각은 다수의 리더가 존재하며(Spillane and Zoltners Sherer, 2004; 2007), 리더십 활동은 조직 내부와 조직 간에 폭넓게 공유되어야 한다는 것을 인정한다(Harris, 2007a). 리더십의 분산적 모형은 공식 및 비공식 리더 역할을 맡은 사람들의 행동보다는 상호작용에 중점을 둔다. 주로 리더십 실행 및 리더십이 조직과 교육의 개선에 어떤 영향을 미치는가에 관심이 있다(Spillane, 2006). 리더십에 대한 분산적 시각에서는 그 사람이 공식적으로 임명 혹은 규정된 리더인지와는 상관없이 리더십 실행에 기여하는 모든 개인의 업무를 인정하고 있다. 또한 분산적 리더십은 시스템 재편성과 조직 재설계의 중심에 있으며, 이것은 수평적이고 보다 동등한 의사결정 과정을 필요하게 만든다(Hargreaves, 2007).

왜 분산적 리더십이 관심의 대상이 되고 있는가

분산적 리더십은 분명 현재의 리더십 개념이다. 현재 유행하고 있는데 왜 관심을 모으고 있을까? 빠른 속도로 학교교육의 담론 속에 들어갔으므로 높은 인기 때문에 또 다른 '리더십의 일시적 유행(Youngs, 2007)'으로 폄하될 위기에 처해 있다.

보다 객관적으로 보면, 분산적 리더십이 최근 인기를 얻는 데는 세 가지 이유가 있는 듯하다. 첫째, 분산적 리더십은 경험적 파워(empirical power)가 있다. 점점 더 많은 연구결과(제4장 참조)에서 분산적 리더십이 조직 결과와 학생 학습에 긍정적인 변화를 일으키는 것으로 나타나고 있다. 증거 자료가 아직은 대체로 최근 것이긴 하지만, 긍정적인 조직변화와 분산적 리더십의 관계를 보여 주는 새로운 결과들은 일관성이 있고 고무적이다.

분산적 리더십의 형태와 긍정적인 조직변화와의 관계를 밀접하게 다룬 많은 연구가 점차 늘어가고 있다(Harris et al, 2007). 가장 최근 연구에 따르면, 조직 내부에서 분산적 리더십의 유형이 중요하며 분산적 리더십의 실행은 향상된 조직의 성과 및 결과와 더욱 일치하기 쉽다는 것을 보여 준다(Leithwood et al, 2004; 2007).

둘째, 분산적 리더십은 상징적 파워(representational power)를 갖는다. 이것은 교장에 대한 높은 외부 요구와 압력으로 인해 생긴 대안적인 리더십의 접근 방식을 나타낸다. 영국의 학교들은 리더십팀을 재개편하여 인력의 리모델링, '아동 인권 운동', 확대된 학교(extended school)에 대한 요구를 충족시키고자 새로운 역할을 만들어 냈다. 이러한 재구조화는 분산 및 공동 리더십 실행을 시험하고 확대할 수 있게 하였다. 학교가 복잡한 협동 방식을 갖고 있으므로 리더십의 분산된 형태는 '여러 유형의 경계를 넘어서서 아이디어와 통찰력을 공유하는 것'이 필요하게 될 것이라는 것은 분명하다(Wenger et al, 2000:123).

점점 복잡해지는 교육계에서 변화하는 과제와 새로운 요구에 부합하는 유연성을 갖춘 더욱 다양한 유형의 리더십이 요구된다. 오래된 학교교육의 조직구조는 21세기의 학습 요구 조건에 적합하지 않다는 인식이 점차 확산되고 있다. 새로운 학교교육의 모형이 협동, 네트워크, 다양한 집단 간의 협력(파트너십, 네트워크 학습 사회, 확대 교육 등)을 기반으로 부각되고 있다. 이러한 새롭고 보다 복잡한 형태의 학교교육은 분명 효과적인 기능을 위해 분산된 리더십의 형태를 요구하게 될 것이다.

분산적 리더십에 관심을 갖게 되는 세 번째 이유는 **규범적 파워**(norma-tive power) 때문이다. 이는 학교에서의 리더십 실행에 대한 최근의 변화를 반영한다. Gronn(2003)이 일컫는 학교의 **과중한 업무**(greedy work)에 대한 증가는 리더십 업무와 책무성의 확대라는 결과를 가져왔다. 교장들은 학교에서 리더십이 필요한 모든 분야를 더 이상 책임질 수 없다. 그 결과, 대안적인 리더십 구조와 실행이 **빠르게** 두각을 나타내고 있다.

분산적 리더십이 인기를 얻는 세 가지 이유가 매우 다르기는 하지만 그 구분이 불분명해지면서 개념상의 혼란을 초래했다(Harris, 2007b). 분산적 리더십의 개념을 명확히 하려면 분석적, 경험적, 실용적인 측면으로 구분할 필요가 있다. 분산적 리더십이 리더십을 위임하는 것 이상의 의미를 가진다면, 경험적 증거에 입각하고 실제에 기초한 이론과 개념적으로 연계될 필요가 있다.

이 책의 목적은 이러한 연계 고리를 만들고 분산적 리더십 실행을 심도 있게 설명하는 데 있다. 틀림없이 이러한 설명은 분석에서 제외되는 권력, 권위, 합법성 및 미시정치적 쟁점이 있다는 주장이 나올 것이다. 분명 맞는 말이다. 이 책은 첫째, 분산적 리더십이 학교에서 어떤 형태를 가지고 있는지에 초점을 맞추고 둘째, 학습에 미칠 영향에 중점을 둔다. 이 책은 분산적 리더십을 완전 분해하고자 쓸데없이 페이지를 낭비하거나 개념을 지나치게 복잡하게 만들지 않을 것이다.

분산적 리더십은 분명한 해결책인가? 간단히 교장의 업무를 조직 내의 다른 사람들에게 나눠라. 그러면 분산적 리더십은 해결책이 될 것이다. 그러나 이것은 다시 한 번 분산과 권한위임을 동일시하는 덫에 빠지는 것이다. 다음 장에서 설명하겠지만, 학교의 리더십 위기에 관심을 기울일 필요가 있다. 그러나 우리가 장기적으로 교육의 변화라는 문제를 해결하고자 한다면, 리더십 실행을 다른 관점에서 생각해 볼 필요가 있다.

위기에 처한 리더십

제 **02** 장

위기에 처한 리더십

다음 단계를 위해 새로운 리더들을 준비시키는 분산적 리더십의 문화가
수립되어야 한다(Fullan, 2006:31).

도입

앞으로 많은 나라들이 수석교사들과 교장들이 부족하거나 머지않아 그렇
게 될 것이다. 미국에서 자격을 갖춘 교장 후보자들이 부족하다는 보고가
전국적으로 지역교육구에서 들어오고 있다. 미국의 일부 지역에서는 교장
의 60%가 은퇴하고 사임하거나 그렇지 않으면 5년 이내에 교장 자리를 그
만둘 것이다(Peterson, 2002:815).

영국에서도 사정은 비슷하다. 공립학교의 정규직 교장들 중 50대가

59% 이상이며, 2009년도 퇴직자 수는 거의 3,500명에 다다를 것으로 예상된다(NCSL, 2006). 게다가 학교 내에서 다른 공식적 리더십 지위에 있는 사람들은 교장과 같이 중요한 역할을 맡는 것을 일반적으로 달가워하지 않고 있다. 그 이유는 교장직에 대한 도전과 요구의 정도가 어느 정도인지를 잘 알고 있는 자리에 있기 때문이다.

수많은 보고서들은 리더십 위기에 대한 근거를 보여 준다. 미국에서는 그 문제의 핵심을 두 가지 요인으로 보고 있다. 첫째는 지역교육구들이 리더십 역할을 수행할 우수한 자격을 갖춘 교장 후보자들을 유인하고 확보하는 데 전전긍긍하고 있다는 것이다. 둘째는 교장 후보자들과 현직 교장들이 종종 그 역할에 대한 요구를 수행하는 데 준비가 잘 되어 있지 않거나 불충분한 지원을 받고 있다는 것이다(Levine, 2005:818).

영국에서 수행된 학교 리더십에 대한 연구(Independent Study of School Leadership)에서 많은 학교의 리더들이 그들에게 부여된 모든 요구들을 충족하는 데 어려움을 겪고 있다는 것을 보여 주었다(DfES, 2007). 많은 수석교사들은 다양한 책임의 영역을 효과적으로 담당할 시간을 마련하는 데 어려움을 겪고 있다. 이렇게 압박을 받는 이유는 목표를 충족하고 성과를 높여야 하는 압력이 증가함으로써 학교 리더들이 현재 다루어야 할 운영 문제가 많아지기 때문이다. 또한 이 연구보고서는 많은 학교 리더들이 전략적 역할(strategic role)보다는 운영적 역할(operational role)에 더 편안함을 느끼며 교실에서 보다 많은 시간을 보내고 싶어 한다고 지적하였다(DfES, 2007:6).

학교 리더들이 교수 활동 과정에 참여하는 것이 중요하다고 폭넓게 인식하고 있지만, 실제 그들은 다른 요구들에 대한 부담 때문에 학교에서 이루어지는 교실 활동에서 점점 멀어지고 있다. 1/4이 넘는 초중등 수석교사들은 시간표에 있는 수업을 전혀 하지 않거나, 그 나머지 대부분은 일주일에 5시간 미만을 가르치고 있다. 게다가 수석교사들은 그들에게 주어진 긴급한 문제들을 처리하기 위해서 종종 수업시간을 할애하기도 한다.

학교 리더들이 학교 운영 문제를 처리하면서 수업 현장에 대한 관심이 줄어들었다는 증거들이 늘어나고 있다. 그것은 많은 학교의 리더들이 학교가 당면한 전략적인 긴급한 손해를 관리하는 데 지나치게 관여한다는 것을 의미한다. 이러한 급한 불 끄기 식 접근(fire-fighting approach)은 그들에게 많은 과업과 기대의 부산물이 되고 있다. 요컨대, 학교 리더들은 학교를 이끄는 것보다는 운영하는 데 많은 시간을 소비하고 있다.

교장들은 일관되게 책무성과 관련된 과업들에 가장 시간을 허비하고 소모시키는 것으로 보고 있다(DfES, 2007). 그러한 과업들은 리더들을 수업 환경에서 벗어나게 하고 기회비용을 높인다. '이니셔티비티즈(initiativitis)'라는 단어는 학교에 부과된 새로운 정책 계획의 지속적인 흐름에서 그들의 뿌리 깊은 좌절감을 보호하기 위해 영국의 교장들에 의해 사용된 용어이다. 설문조사에서 영국의 교장들은 그들의 역할에 관해 일반적으로 긍정적인 반면, 어려운 요구들에 직면하고 있다는 것을 보여 준다. 예를 들어 높은 수준의 책무성, 성과에 대한 개인적인 책임감 및 다양한 직무의 급진적인 변화 등을 들 수 있다.

그러므로 최근 학교 리더십의 맥락은 업무과중, 복잡성 및 좌절감의 특징을 갖는다. 공식적 리더의 역할은 좀 더 도전적이고 요구가 많을 뿐만 아니라 외적 환경으로부터 끊임없이 변화를 요청받고 있다. 다른 학교 및 기관들과 협력·연계와 높은 성과에 대한 이중의 기대는 많은 학교들을 위해 조정하는 것이 어렵다는 것을 입증한다.

항상 높은 목표의 성배(역자주 : 중세의 전설로, 그리스도가 최후의 만찬에서 썼다는 술잔)는 필연적으로 학교를 서로 경쟁하도록 하고 가급적 언제 어디서나 경쟁적 우위를 추구하도록 만든다. 변화의 컨베이어 벨트는 계획을 추진하도록 하지만 학교에는 상당한 비용을 치르게 한다. 이러한 모든 계획들은 학교 직원들이 시간, 에너지 및 자원에 대해 경쟁하도록 만든다. 학교가 다양한 곳에서 비롯된 많은 계획들에 의해 압도당한다는 것은 분명하다.

그러나 그러한 계획들은 실제로 어떠한 차이를 가져왔는가? McKinsey (2007) 보고서는 '상당한 비용 증가와 많은 선의의 개혁 노력에도 불구하고 수많은 학교 체제의 성과는 수십 년간 개선되지 않았다'라고 지적한다. 이 보고서는 1980년과 2005년 사이에 미국의 학생 1인당 공공지출이 인플레이션을 감안하여 73% 증가하였지만, 실제 학생의 학업성취는 거의 같다고 지적한다.

높은 학업성취를 갖는 교육 시스템에 대한 해답이 하향식 개혁이나 보다 많은 재정 투자가 아니라면 해결책은 무엇일까? McKinsey(2007) 보고서는 그 해답을 간단하게 '더 좋은 수업을 하는 더 좋은 교사'로 결론지었다. 또한 교사들이 우수한 교사가 될 수 있도록 학교 내에 건실하고 효과적인 인프라 구축이 필요하다고 지적하였다. 그러한 인프라 구축은 이의 필요성을 인식하는 리더들, 그리고 현재의 실행을 변화시키기 위해 인프라 구축의 어려운 상황을 이겨내려는 리더들이 없이는 불가능할 것이다.

영국과 많은 다른 나라들에서 변화하고 있는 학교교육의 모습은 리더십 실행에 대한 다른 개념화가 필요하다는 강력한 신호라고 할 수 있다. 현재 형성되어 있는 학교 리더십의 미래는 전망이 밝지 않은 것 같다. 영국에서 교감(deputies)의 43%가 교장직으로 승진하기를 원하지 않으며, 중간 리더들의 70%는 수석교사가 될 마음이 없다. 그 이유는 이미 강조했듯이 책무성의 압력과 다른 외부 스트레스 때문이다. 조직의 최고 위치에 있으면서 다양한 리더십 역할을 수행하는 사람들은 그들이 직면하고 있는 상황을 좋아하지 않는다.

이러한 문제는 일부 학교에서 더욱더 심각하다. 특정 지역의 학교에서는 수석교사의 공석을 충원하는 것이 거의 불가능하다. 교장이 되려는 교사들은 다양한 사회문제를 가지고 있고 빈곤층이 많은 지역에 위치한 학교에 가기를 원하지 않는다. 많은 초임 교장들은 과제가 산적한 학교에서 자신들의 첫 교장직을 수행한다. 교장들이 향후 5년 이내에 학교를 떠나든지 교장직을 그만두는 비율이 높다. 또한 그 학교들은 직원들의 이직률이 높고, 시간이 흐르면 적은 수의 수석교사들을 보유하게 될 것이다(NCSL, 2006). 우리가 그 발단과 원인 및 가능한 해결책을 논의할지라도 우리 학교에 리더십의 위기가 있는 것은 사실이다.

리더십의 위기 : 두 가지 요인

현재의 리더십 위기를 부채질 하고 있는 것은 두 가지 요인이다. 첫째는 인구학적 변화와 추이이며, 둘째는 책무성이다(Elmore, 2004). 첫 번째 요인인 인구학적 변화의 영향은 예측 가능한 것이었다. 현재 중년기 후반의 베이비붐 세대는 향후 5년 이내에 상당수가 은퇴할 것이다. 이것은 많은 나라들에서 나타나고 있는 보편적인 추세이다.

영국에서 인구학적 압력은 2009년에 정점을 이룰 것이며, 학교 리더의 은퇴 수는 올해 3,500명에 다다를 것이다. 이것은 2009년까지 학교 리더의 15~20%가 대체될 필요가 있음을 의미한다. 학교의 리더십 자리를 채우지 못할 것이라고 추정된 수요는 학교시스템에 의해 해결될 수 없으며, 일부 지역에서는 2~3년 이상 심각한 문제가 될 것이다. 그 시스템 내에서 리더십의 전문성 및 경험의 공백은 장·단기적으로 어떤 방식으로든 해결되지 않는다면 학교에 미칠 부정적인 영향은 클 것이다.

다음으로 책무성에 대한 요인을 살펴보면, 실제 모든 산업화된 국가는 성과에 대한 책무성을 그 근간으로 삼고 있다. Richard Elmore(2006:3)가 언급한 대로, 이러한 정책의 사회적·경제적 및 정치적 토대는 그 자체적으로 분석의 가치가 있으며 그 정책 방향은 당분간 수정 없이 지속될 것이다.

특히 미국, 캐나다와 영국에서 추진되고 있는 책무성 정책은 학교와 학교체제 내의 리더십 지위에 있는 사람들에게 심각한 압력을 주었다. 많은 교장들은 지속적인 정책 변화와 함께 학교 성과에 대한 평가로 인해 많은 직무 스트레스를 받고 있다. 즉 많은 교장들은 조기 퇴직 또는 신상의 이유로 은퇴를 고려하고 있다.

책무성 정책은 학교 성과에 대한 개인의 책임을 그 핵심으로 삼고 있다(Elmore, 2004). 그래서 학교 성과에 일반적으로 상당한 영향을 미치는 사회·경제적 요인은 제대로 고려하지 않는다. 성과 개선이 책무성 수행 및 시험에 대한 명확한 분석과 교육결과에 대한 측정 비교를 통해 달성될 수 있다는 아이디어에 기초를 두고 있기 때문이다. 분명히 책무성 정책이 제대로 시행되고 있다면 그것은 본질적으로 문제되지 않는다. 책무성 정책이 시행되지 않았다면 학교에 대한 만족도는 문제가 되지 않았을 것이다. 또한 학교 성과를 상대적으로 평가하는 '맥락적 가중치(contextual added value)'에 대한 측정(역자주 : 제7장 참조)이 없었다면 학교가 학생이 성취한 상대적 성과에 대해 책임을 지울 방법이 없었을 것이다.

그러나 통제 기제로서 지나치게 사용될 때 외부 책무성의 효과는 반대의 결과를 낳을 수 있으며 심지어 해가 될 수도 있다. 특히 영국과 미국 양국은 모두 책무성에 대한 몇 가지 부작용을 경험해 왔다. 두 국가는 높은 학업성취와 증가된 교사 및 학교 책무성을 결합하는 수단으로 학교에 대한 시험 점수를 강조하는 정책(high-stake test)을 도입해 왔다. Hargreaves 등(2007)이 지적한 바와 같이, 영국과 미국은 책무성과 기준을 중심으로 하는 표준화의 구조에 의해 지배되고 있다. 그들은 또한 아동 복지(Children's Well-Being)를 위한 유니세프 아동복지 순위에서 하위권에 머물고 있다. 그 명단의 상위권에 있는 네덜란드와 핀란드와 같은 나라들은 완전히 다른 목표들을 가지고 있는데, 그 국가들의 일차적 목적은 외부에서 설정되고 결정된 목표를 달성하는 것보다는 사회적으로 책임감 있는 청소년을 육성하는 데 있다.

Warwick Mantell(2007)은 다음과 같이 지적한다.

> 시험과 시험 점수를 개선하는 것은 교실에서 무슨 일이 일어나는가에 대해 영향력을 행사하는 사람들에게만 중요하다. 교사들은 자신들에게 영향력을 행사하고 있는 사람들로 인해 시험점수의 통계수치를 높이는 것이 가장 중요하다고 생각한다. 시험결과뿐만 아니라 시험성적 향상을 위해 시험을 중심으로 하는 교수 활동을 하도록 강요받고 있다. 그들은 시험결과에 살고 죽는 것이다.

이러한 풍토에서 시험을 위해 가르치는 것이 보편화되었고, 관심의 초점은 배우는 것보다는 시험 점수를 올리는 것이 되었다. 많은 수업시간은 교사들이 학생들에게 효과적으로 학습하는 방법을 가르치기보다는 시험을 준비하는 데 보내고 있다. Hargreaves 등(2007:21)은 영국의 초등학교가

1월 달에 주당 9시간이던 수업시간을 4월 달에는 주당 12시간으로 늘리면서 1월과 5월 사이에 11세 학생들이 거의 수업 시간의 반을 시험 준비에 보냈다는 내용의 보고서를 언급하고 있다.

영국의 Primary Review는 어떻게 시험 문화가 초등학교 학생들에게 큰 타격을 주고 있는가에 초점을 두었다. 그 보고서는 다음과 같다.

> 학생들은 교사들이 믿는 방식대로 만들어진다. 다시 말해 시험결과로 초등교육이 제약을 받고 어느 정도 결정된다고 생각하고 있는 교사들의 방식대로 학생들은 형성되어 간다. 학생들은 국가가 시행하는 시험을 잘 치르도록 압력을 받고 있다는 것을 스스로 알게 되었다(Ward and Bloom, 2007:14).

시험 점수를 올리고 개선된 학업성취수준을 증명하라는 학생과 교사들에 대한 압력의 증가는 심각한 수준에 이르렀다. 틀림없이 그러한 압력의 부산물로 나타나는 것은 스트레스 받는 교사와 학생뿐만 아니라 최악의 경우에는 특정 시험 코스들을 선택하도록 전술적 결정을 하는 '부정행위(cheating)와 업무상 부정과실(malpractice)'이다(Hargreaves et al, 2007:26). 이것은 의심할 여지없이 학교들이 더 좋은 결과를 얻을 수 있도록 보장하겠지만 어떤 대가를 치르게 되겠는가?

책무성 체제의 또 다른 부산물은 '실패하고 있는 학교들', 즉 개선될 것 같아 보이지 않는 학교들에 주어지는 불가피한 세간의 주목이다(Datnow et al, 2002). 거의 모든 선진국은 실패하고 있는 학교들의 문제를 다루는 데 노력해 왔고 많은 나라들은 책무성을 궁극적인 방향전환의(turn-around) 해결책으로 받아들여 왔다. 그러나 Fullan(2006)이 지적한 대로, 현재의 방향전환 전략들은 너무 지엽적이고 시기상으로도 너무 늦은 것들이다. 그러한 전략들은 드러나고 있는 문제의 작은 부분만 해결하고 있으며, 사실상 지속 가능성을 보장하지 않는 조건들을 부지불식간에 만든다(p. 20). 그는 엄격한 책무성 프레임이 결과를 산출할 수 있지만, 그것들은 종종 단기적인 것들이고 지속적인 개선 또는 시스템 전환을 가져오는 필수적인 역량구축 전략에는 미흡하다고 주장한다.

학교와 시스템 전환은 징벌수단 또는 단편적 처방을 통해 이루어질 것 같지 않다. 이 책에서 전반적으로 논의되는 것처럼, 그 전환은 학교와 함께 그리고 학교 간의 협동을 통해 더욱더 일어나기 쉽다(Harris et al, 2006a, 2006b). 이것은 우리가 경쟁 대 협동을 양극화하는 함정에 빠졌다는 것을 암시하는 것이 아니다. 경쟁과 협동 모두를 갖는 것은 완전히 가능하지만, 그것은 도전과 지원을 제공하고, 또한 한 학교에서 높은 표준을 성취하도록 독려하지 않는 시스템에서도 가능할 것이다. 후기 표준화(post-standardisation)를 향해 빠르게 이동하는 시스템에서 협동과 경쟁 중 하나를 선택할 수 없으며, 이 둘은 공공 이익을 위해 연계되어야 한다(Hargreaves, 2007).

그것은 학교들이 다른 학교의 역량구축을 지원하면서 동시에 그들의 내부 역량을 구축하는 경우에 해당된다. 학교 간 그리고 학교 내에서의 역량구축은 상세하고 유목적적으로 이루어질 필요가 있다(제8장). 역량구축에 대한 지속적인 관심이 없다면, 비록 단기적으로 효과가 있을지 모르지만 어떠한 유형의 리더십도 지속적으로 유지될 수 없다.

리더십의 방향전환

리더십 그 자체로서는 어려움에 있는 학교의 운명을 쉽게 전환하지 못할 것 같다(Harris, 2006). 그러한 학교들은 여러 가지 다른 제안이나 아이디어, 중재안을 시도하지만 실망감과 환멸감만 남긴다. 이러한 중재안과 제안들은 귀중한 시간, 에너지와 자원을 위해 경쟁하도록 하는 유용하지 못한 방해물이었음을 보여 준다. 그 최종 결과는 학교가 끊임없이 계속되는 회전목마(perpetual carousel)처럼 어김없이 위아래로 움직이면서 규칙적인 실망감을 안겨 주게 된다(Hargreaves and Fink, 2006).

학교 성과의 유형들은 변화에 완강히 저항한 채 남아 있을 수 있다. Fullan(2006:1)은 경제적 장벽을 제거하고 소득 격차를 줄이기 위해서 사회정의, 의료와 복지 및 경제 개발에 초점을 두어야 할 필요가 있다고 주장한다. 그는 '병든 교육 시스템은 병든 사회를 반영한다. 왜냐하면 그것들은 직접적으로 서로 영향을 미칠 뿐만 아니라 병든 시스템의 내적 원동력이 유사하기 때문이다'라고 지적한다. 요컨대, 그는 진정한 개혁안은 학교 개선이기보다는 사회 개선이라고 주장한다.

사회적·교육적 미혜택과 학교 성과 간의 강력한 관계에 대한 인식에도 불구하고(Berliner, 2005), 어려움을 겪고 있는 학교에 대한 임시방편적 해결책(quick fix)을 지속적으로 탐색하는 경향이 있다. Hargreaves와 Fink(2006)가 지적한 대로, 실패하고 있는 학교는 개선을 위한 역량을 구축하는 한편, 형편없는 성과를 해결해야 하는 이중의 압력을 받는 계획된 단절(planned discontinuity)에 대한 주요한 대상이다.

카리스마가 있는 새로운 리더에 의해 실패하고 있는 학교가 새롭게 전환되고 있다는 예들이 있다(Harris et al, 2006a, 2006b). 실패하고 있거나 성과가 저조한 대다수의 학교들에서 그들의 처한 상황을 전환하기 위해 첫 번째로 취하는 조치가 새로운 지도자를 영입하는 것이다(Murphy and Meyers, 2008). 불행히도, 그러한 리더들은 어려움에 처한 학교들의 요구를 충족할 수 없다. 또한 많은 새로운 교장들은 그러한 학교에서 장기간 머무르려 하지 않는다. 어려운 상황에 처한 학교에서 교장들의 교체는 빈번한데, 그 이유는 그들이 처한 리더십 과제가 너무 무겁고 끊임없기 때문이다(Harris et al, 2006a, 2006b). 그러므로 다른 해결책이 요구된다.

리더십 승계가 끊임없이 되풀이되는 상황은 안정이 특별히 필요한 학교 내에서 심한 불안정을 야기하며, 또한 개인들의 실패를 탓하게 된다. 부족하거나 불충분한 리더십은 학교와 그 지역사회가 직면하고 있는 뿌리 깊은 만성적인 사회문제에서 기인한다고 보지 않는다. 그것은 오히려 관심의 대상이 되고 있다. 만일 교장이 학교를 원상회복하는 데 실패한다면 이러한 실패는 개인적인 문제가 되어 여론화된다. 대중매체는 기대를 충족하지 못한 또 다른 리더들을 신속하게 여론화한다. 그래서 교장은 교직을 떠나고 그 문제에 대한 같은 해결책을 찾게 된다. 이 때 학교는 그 성과를 원상회복하는 적합한 유형의 리더, 즉 모든 것을 더욱 개선하는 데 알맞은 개인을 필요로 한다.

그래서 그 사이클은 반복된다. 계속되는 실패에 대한 리더십의 실패는 개인적인 것이 되고 개별화된다. 리더십을 조직이 공유해야 하는 책임으로 보기보다는 협소하게 개인의 특성 또는 능력으로 간주된다. 저조한 성적을 거두고 있는 팀을 이끄는 축구 감독처럼 책임감은 일방적으로 주어진다. 낮은 성과라는 결과는 똑같이 나타난다. 그러나 만일 당신이 관리자 또는 학교 리더를 개인 역량 또는 인성을 바탕으로 선택한다면, 그 결과는 필연적이다. 가장 중요한 것은 그들이 '누구인가' 보다는 '무엇을 하는가'

이다.

고전하고 있는 팀의 감독들처럼 어려움을 겪고 있는 학교의 리더들은 성격, 카리스마 및 의지력을 통해 개선을 도모할 수 있는 슈퍼영웅(super-hero)'이 되도록 기대된다. 어떠한 사회적 자본이나 경제적 혜택 없이 어려운 상황에 있는 학교들은 부유한 지역의 학교와 똑같이 수행하도록 기대된다. 이와 같은 리더들이 기진맥진하거나 그들이 인계받은 같은 위기 상태의 학교를 떠나는 것은 놀라운 일이 아니다.

리더십의 새로운 개념화는 악순환을 멈추도록 하기 위해 필요하다. 그 리더십은 유용한 일을 하기 위한 집단적 역량으로 보거나 교장을 넘어서 리더십 책임이 폭넓게 공유하는 것이다(Senge, 1990:834). 이러한 관점은 현대 조직들이 이전에는 요구하지 않던 척도로 협동과 팀워크를 요구한다는 중요한 사실을 전제로 한다. 이것은 새로운 집단적 역량구축이라고 할 수 있다. Drath와 Palus(1994)는 다음과 같이 저적한다.

> 당신이 리더십의 기본 활동을 지배와 사회적 영향력으로 보지 않을 때, 당신은 다른 사람에게 영향을 주는 사람들과 영향을 받는 사람들의 관점에서 리더십을 고려하지 않을 것이다. 대신에 당신은 리더십을 공동체 또는 집단에 있는 모든 사람들이 참여하는 과정으로서 생각할 수 있다. 이것은 리더십을 맥락의 일부로서 보는 방식이다.

이러한 집단적 역량을 추구하는 조직들은 사회적으로 분산된 역량을 창출하기 위해서 개별적인 성취로서의 리더십의 한계를 넘어야 한다. 이러한 대안적 리더십은 리더십 역량이 단지 인적자본 또는 개인 리더십 역량의 총합이 아니라 사회적 자본, 즉 조직 및 공동체 역량의 총합이라는 것을 의미한다.

효과적인 학교 리더십은 역량구축과 같다는 것이 이 책의 핵심 가정이다. 역량구축 접근은 학교들과 학교시스템들에 있어서 성과를 개선하기 위한 기반을 만들기에 가장 좋다. 게다가 이것은 폭넓은 분산적 리더십을 통해 가장 잘 이루어진다. 또한 학교 리더십의 위기에 대한 오늘날의 해결책이 단기적이고 배타적이며, 미래의 리더십 구조를 창출하기보다는 오늘날의 학교 리더십 틀을 유지하기 위해 주로 설계되었다는 것을 암시한다.

해결책을 탐색하며

현재의 위기를 가져오는 것이 무엇이든 간에 학교 리더십이 긴요하고 직접적인 관심을 받는 것은 분명하다. 순수 경제학적 개념으로 볼 때 향후 5년 이상 더욱더 심각한 공급 불균형이 있을 것이다. 정부와 정책 입안자들은 이러한 문제를 인식하고 여러 방식으로 근본적이고 구체적인 해결책을 강구하고 있다.

영국의 NCSL(National College for School Leadership)은 가능한 여러 방안을 국무장관(Secretary of State)에게 공식 권고할 것을 요청받았다. NCSL 제안서는 그 문제가 장기적인 것임을 공개적으로 인정함에도 불구하고 3년간의 기간을 다루고 있다.

심사숙고한 끝에 제안된 해결책은 다양하게 제시되었다. 이것들은 잠재력과 능력을 지닌 교장 지원자에 대한 속성 과정(fast track)을 포함한다. 다른 영역에서도 속성 과정은 존재하고 있고 효과적으로 작용하며, 의욕 있고 능력 있는 젊은 리더들의 지속적인 통과를 보장한다. 다른 해결책은 미래 리더들을 영입하기 위한 리더십 풀을 마련하여 리더들을 장기적으로 양성하는 계획을 포함하는 것이다(Fink, 2006). 게다가 소외계층 그룹, 즉 여성, 흑인과 소수인종 그룹 등은 리더십 지위를 위한 적극적인 목표 대상이 될 것이다. 주요 목표는 손이 닿지 않거나 찾을 수 없었던 원천들로부터 가능성이 있는 교장들을 확보하는 것이다.

보다 근본적인 해결책은 학교에서 근무할 수 있는 수석교사들을 다른 분야의 공공부문으로부터 충원하는 것이다. 만일 한 분야의 공공부문에서 리더가 부족하다면, 그러한 부족을 보충하기 위해 공공 또는 사적 부문에서 근무하는 사람들을 충원하지 않겠는가? 확실히 좋은 리더십은 어떠한 맥락 또는 상황에서도 좋은 리더십이다. 그것은 특정한 실용적 논리를 가진다. 그러나 그것은 단지 경영 과업과 책임의 관점에서 학교 리더십을 정의할 때만 적용된다.

반대로 당신이 학습의 리더가 되기를 원한다면, 교육에 대한 배경지식은 필수적이다. 전문지식과 맥락에 대한 이해가 효과적인 리더십에 특별히 중요하며 또한 관리보다 리더십은 다른 맥락과 상황 간의 전이가 쉽지 않다는 증거가 있다. 일례로 영국의 National Health Service는 다른 분야로부터 리더들(예 : 기업과 군대 등)을 영입할 때 실패를 겪었다.

NCSL 승계계획의 핵심 양상은 지역 수준의 협조를 통해 현지의 해결책과 전략을 찾아왔다. 초기에 나타나는 결과들은 이것이 효과적이라는 것을 보여 준다. 리더십 위기에 대한 또 다른 해결책은 시스템 내에 존재하는 리더십 역량을 확산하는 것과 관련이 있다. 많은 교장들은 하나 이상의 학교를 이끌고 있다. 이러한 모형이 적용되고 있는 영국의 학교 수는 증가하고 있고, 또한 네덜란드와 같은 다른 나라에서는 한 교장이 자동적으로 한 학교 이상을 주관하고 있는 추세이다. 영국에서 이러한 접근은 몇 가지 긍정적인 효과가 있음을 보여 주고 있다. 즉 교장이 없는 홈스쿨에 대한 장기적인 결과를 보면 그것이 우려하는 만큼 불이익을 주지 않는다는 증거를 보여 주고 있다(Matthews, forthcoming). 또한 이러한 수석교사의 유한 자원이 얼마나 확산될 수 있는지 의심스럽다.

공급 측면의 문제를 다루기 위해 확인된 수많은 해결책은 가능한 신속하고 비용 효과적으로 공석 중인 리더십 자리를 채우는 것을 가정하고 있다. 오늘날의 상황은 리더십 구조와 실제들을 재고하는 중요한 기회로서 고려되지 않고 있다. 오히려 그것은 해결되어야 할 문제, 조정되어야 할 단층선(fault-line), 다시 측정해야 하는(recalibrated) 불균형으로 간주된다. 그러나 현행의 리더십 구조를 대체하는 것이 해야 할 올바른 일인가?

그것이 올바른 것이라는 입장에 반대하는 견해는 없어 보인다. 학교에 공석 중인 교장 자리를 채우지 않는 결과는 무엇인가? 그것은 리더십 실행과 리더십의 대체 모형을 보는 방식을 재고하는 기회가 될 수 있다. 오늘날 학교의 리더십 구조가 21세기 학교교육을 위한 최상의 구조라고 확신하는가? 만약 그렇지 않다면, 왜 더 빨리 현행의 리더십 구조를 대체하지 못하고 있는가?

이것은 우리가 리더십의 위기를 무시하거나 공식적 리더가 없는 학교가 직면하고 있는 문제들이 심각하지 않다는 것을 의미하는 것이 아니다. 이러한 일들은 그렇게 할 수 없다. 이는 혼동이나 혼란을 초래할 수 있기 때문에 우리는 직접적으로 학교의 현재 리더십 구조를 해체하거나 해산하는 것을 제안하는 것이 아니다. 그러나 현재 입장은 새로운 리더십에 대한 접근을 시도하고 다듬고 테스트할 것을 제안한다.

분산적 리더십

현재의 위치는 정책 입안자들과 전문가들에게 학교에서의 리더십 실행에 관해 근본적이고 창의적으로 생각할 기회를 제공한다. 그것은 학교 리더십에 대한 '방법과 이유'에 대해서 재고려하는 기회를 제공한다. 학교에서 현행 리더십 구조들과 실행들이 좋은 것 이상이라는 점을 확신하고 있는가?

영국의 학교 리더십에 대한 연구(DfES, 2007)는 리더들이 미래를 포용하고 이끌도록 학교 리더십을 변혁할 필요가 있다고 결론을 내렸다. 변화에 대한 그들의 제안은 새로운 그리고 앞으로 출현하는 리더십 실행을 능동적으로 촉진하기 위해서 리더십 모형을 다양화하는 것이다. 그 제안들은 새로운 모형으로 운영하기를 원하는 학교를 지원하는 전국 단위의 프로그램이어야 하며 새로운 모형의 개발에 대한 핵심적인 법적·규제적 장애물을 제거할 필요성이 있어야 하다는 것을 제시하였다(p. 11). 또한 그 보고서는 분산적 리더십을 촉진하기 위해서 책무성을 지닌 책임을 분산할 필요성을 제시하였다.

그 보고서로부터 도출된 가장 중요한 주제 중 하나가 **분산적 리더십**이었다. 그 연구는 학교에서 리더십을 분산하고 조직을 통해 직원을 개발하고 능력을 신장할 필요성에 대해서 학교 리더들, 직원들과 다른 당사자들 간의 일반적 합의가 있었음을 지적한다. 비록 몇몇 학교 리더들이 진실로 그들이 리더십을 분산했다고 믿을지라도 교사들과 지원하는 직원들로부터의 피드백은 이것이 그 사례가 아님을 지적했다. 다음 장에서 살펴보겠지만, 분산적 리더십은 분산되는 리더십이 발휘될 수 있는 내적 조건을 조화롭게 창출하고 조정함으로써 성취될 수 있다.

전반적으로 PWC 연구의 핵심 메시지는 학교에서 폭넓고 분산된 리더십이 필요하다는 것인데, 이는 승계 계획보다 많거나 시스템에서 더 많은 교장들을 양성하는 것을 의미한다(DfES, 2007:8). 그렇다면 분산적 리더십은 무엇인가? 다음 장은 더욱 깊이 있게 분산적 리더십을 다룰 것이다.

제 **03** 장

분산적 리더십

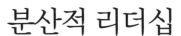

제 **03** 장

분산적 리더십

리더십은 특별히 공식적인 지위에 임명된 사람의 기능일 필요도, 또 그
렇게 될 필요도 없다(Obolensky, 2008).

도입

이 책은 분산적 리더십과 관련한 아이디어가 생긴 역사를 뒤돌아보기 위
한 것이 아니다. 이러한 연구는 Spillane과 Sherer(2004), Gronn(2000),
그리고 Spillane(2006)과 같은 연구자들에 의해 매우 잘 이루어져 왔다.
따라서 이 책의 궁극적인 목적은 분산적 리더십이 무엇을 의미하고, 어떻
게 실행되고 있으며, 조직의 발전과 변화에 어떠한 영향을 미치는지 알아
보고자 하는 것이다. 요약하자면, 학교에서 폭넓고 깊이 있게 분산된 리더

십은 다음과 같이 비쳐지고 있다.

> 일련의 기능 또는 특성은 학교의 내·외부의 교사들, 전문가 및 지역사
> 회 인사들을 망라하는 보다 넓은 학교 공동체의 범위에 걸쳐 공유되었
> 다. 이러한 접근은 학교 공동체가 광범위하게 리더십의 분산, 체제 및 과
> 정과 역량을 개발하고 유지해야 할 필요성을 제기하는 것이다(Copland,
> 2003:376).

이 책의 핵심 주장은 분산적 리더십이 상당히 요구되며, 오랫동안 끌어 온
학교 리더십 실행을 재개념화하는 데 있어서 핵심적인 요소라는 것이다.
이 책은 하나의 아이디어로써 분산적 리더십이 다음과 같은 두 가지 이유
에서 매우 유용하다. 먼저, 지금의 경직되고 유연하지 못한 리더십으로부
터 학교를 자유롭게 할 가능성이 있다는 점이다. 다음으로 리더십 실행이
교수-학습과 매우 밀접하게 연계될 수 있는 가능성이 있다는 점이다.

이러한 가능성은 '학습변화를 통한 성취도 향상을 위한 프로젝트
(Raising Achievement Transforming Learning Project : RATL)'에서
분명하게 보여 준다. 이 프로젝트는 영국의 300여 개 이상의 학교들이 새
롭고 혁신적인 방법들을 공동으로 모색하는 것이었으며, 결과적으로 학교
내에서나 학교 전반에 걸쳐 대안적 학교 리더십의 실행 모형을 보여 주었
다. 이러한 프로그램의 초기 결과는 긍정적이었고, 성과를 보여 주는 지표
들은 제시되고 있다. 평가 보고서는 학습 진전을 유지하기 위하여 학교 내
외에서 리더십 책임을 공유할 필요성을 강조한다(Hargreaves and
Shirley, 2007).

이 책은 다음과 같은 세 가지 근본적인 질문을 다루기 위해 학교와 연구
결과에서 나온 증거들을 활용하고자 한다.

- 분산적 리더십이란 무엇인가?
- 학교에서 분산적 리더십은 어떠한 형태로 나타나는가?
- 그렇다면 분산적 리더십이 조직과 개인의 학습에 있어서 어떠한 차이점을 만드는가?

　이러한 세 가지 질문에 답하기 위해서 이 책은 최신의 연구들을 다루면서 학교가 어떠한 방식으로 리더십을 분산하는지를 설명하기 위해서 실행의 예들을 통합해 나갈 것이다. Spillane과 동료들(Spillane and Zoltners Sherer, 2004)의 연구에 근거하여, 이 책은 분산적 리더십에 대한 이론적이고 분석적인 입장보다는 숙의적이고 **규범적인** 입장을 취할 것이다. 또한 이 책은 분산적 리더십 실행을 확인하여 기술하고 실제적인 예를 제시함은 물론, 조직변화 및 개발과의 관계를 비판적으로 고찰할 것이다.

전환점

Gladwell(2000)은 그의 저서에서 변화는 점진적으로 일어나는 것이 아니라 극적인 순간에 일어난다고 하였다. 그의 이론에 의하면 우리가 세상에 대해 사고하는 방식을 재구성하는 순간이 있다(Gladwell, 2000). 그는 저서에서 과거의 리더십 모형이 미래의 교육 과제들에 적합하지 않다는 확실한 신념과 함께 경험적인 근거에서 실천 가능한 대안적 리더십 모형이 필요하다는 점을 밝히고 있다. 학교에서의 리더십 실행에 관해 생각해 볼 때 우리는 전환점에 서 있다고 할 수 있다.

　세계의 변화는 대안적인 조직 형태의 필요성을 부추기고 있다. 이러한 흐름은 대안적인 리더십 실행 모형의 출현이 적절함을 보여 준다. 또한 몇 가지 이유에서 이것은 아이디어로써 리더십의 종말을 논의할 시점이 되었다는 것을 의미하기도 한다. Lakomski(2005)와 같은 저자들은 리더십이 조직변화를 촉진하는 활동 또는 영향력의 형태로서 적절한 용어(label) 또는 술어(descriptor)인지에 대해 오랫동안 논의해 왔다.

Lakomski는 리더십이 조직 실행에 대한 실제 활동들을 탐색하는 데 있어서 방해요소가 될 수 있다는 것을 제시하면서, 리더십이 조직 내 자연적(natural) 실재 또는 본질이라고 하는 전제에 이의를 제기한다. 그러면서 그녀는 우리들에게 '당연시되는 리더십에 대한 이해는… 우리가 인간의 인식과 정보처리에 관해 알고 있다는 가정 하에서 어떻게 지도자와 조직이 실제로 작동하는지와 일치하는가'라는 의문을 제기한다(Lakomski, 2005:139). Lakomski의 연구는 리더십이라는 것이 단지 또 다른 것으로 쉽게 이름 붙여질 수 있는 행동에 적용되는 하나의 용어라는 점을 지속적으로 논의해 왔다.

만약 우리가 리더십이 **올바른** 용어라고 생각한다면, 리더십이라고 하는 것이 정확히 무엇인지 자문해 보는 것이 중요하다. 왜냐하면 리더십은 여전히 특정한 개인의 행동, 특성 및 성격과 밀접한 관계가 있기 때문이다(Fullan, 2004). 영웅적인 리더십 실행이 실제 조직에서 많은 취약성을 드러내고 있음에도 불구하고 여전히 영웅적인 리더들에 대해 낭만적인 생각이 팽배해 있을 뿐만 아니라 지속되고 있다.

영웅적인 리더가 겉으로는 정책 입안자들에게 매력 있게 보일지 모르지만 우리는 이러한 리더십 유형을 중요한 체제 개혁과 혁신의 토대로 삼을 수는 없다. 영웅적인 리더십에 기초한 개혁은 과도하게 개인의 능력과 역량에 의존하는 측면이 있다(Copland 2003). Hargreaves와 Fink

(2006:95)가 논의한 것처럼 '복잡하고 빠르게 변화하는 세계에서 리더십은 소수에게만 의존할 수 없다.' 지속 가능한 리더십은 확실히 학습에 기반을 둔 분산적 리더십이어야 한다는 것이 그들의 주장이다.

만약 기존의 리더십 이론과 유형이 지배하는 풍토가 수용되는 것을 바라지 않는다면, 대안적 리더십 개념은 어떠한 모습이어야 하는가? 우리는 학교와 학교시스템에서 리더십 유형이 보다 분산적인 형태로 전환되고 있음을 목격하고 있다. 분산적 리더십이 학교에서의 리더십 실행에 관한 현재 담론의 중심에 있다는 것은 재론의 여지가 없다. 분산적 리더십은 현재의 리더십 아이디어이고, 그 인기는 사그라질 것처럼 보이지 않는다.

학교 리더십에 식상한 정설들이 수많은 리더십 책들을 채워 왔듯이 현재 분산적 리더십도 하나의 정설로서 그 과정을 답습해 나가고 있다. 사람들이 분산적 리더십을 어떤 식으로 느끼고 있든지 간에 분산적 리더십은 학교의 리더십 실행에 관해 생각할 수 있는 새로운 주제가 되고 있음이 분명하다. 더욱 중요한 점은 전통적이고 협소한 리더십 개념을 강조하기 위해서 우리가 자주 배제하고 경시해 왔던 교사 리더십(Murphy, 2005), 학생 리더십, 그리고 공동체 리더십을 함께 고려하고 있어서 분산적 리더십이 새로운 명성을 얻고 있는 것이다.

교사 리더십은 학교 안의 리더십 실행에 있어서 수평적이고 유동적이며 네트워크화된 형태를 전제로 하는 것이기 때문에 분산적 리더십의 핵심적인 원리를 내포하고 있다(Leithwood et al, 2004; Harris, 2005). 이는 위계적인 리더십 구조에 의존하지 않는 보다 포괄적인 리더십 실행의 모형이라고 할 수 있다. 교사 리더십이 이루어지고 있는지는 또 다른 문제이다. 학교 내에서 공식적 리더십은 필연적으로 다른 리더십 실행의 유형을 만들기 위해서 비공식적 리더십과 결합하게 될 것이다.

여기서 중요한 점은 학교에 이미 수직적이고도 수평적인 리더십 실행의 형태가 존재하지만, 많은 경우 비공식적 리더십의 잠재력이 극대화되고 있지 않다는 점이다. 이는 주로 비공식적 리더십보다는 공식적 리더십 활동에 많은 관심이 집중되고 있기 때문이다. 분산적 리더십은 주로 공식적·비공식적 리더십 간의 상호작용과 이들이 만들어 내는 서로 다른 형태의 활동 방식에 관심을 가진다. Spillane과 Sherer(2004)가 제시한 것처럼, 분산적 리더십은 역할, 지위 또는 일련의 역량으로서의 리더십보다는 지식의 공동 생산과 같은 리더십 실행에 초점을 둔다.

분산적 리더십 아이디어 검증

본론에 앞서, 우리는 분산적 리더십을 면밀히 살펴볼 필요가 있다. 리더십 분야는 실증적 증거에 의존하기보다는 리더십만을 위한 새로운 이론이나 용어를 매우 선호한다. 새로운 리더십 이론들은 어떠한 경험적 검증 없이 공식화되고 포장되어 성공적으로 학교에 적용되어 왔다. 제대로 개념화되지 않고 이론화되지 않은 이러한 리더십 이론들은 리더십 실행에 있어 단지 최상의 추측으로밖에 여겨지지 않으며, 이러한 사례는 너무도 빈번하다.

리더십에 대한 많은 새로운 아이디어들은 회고록(retrospective), 즉 개인의 리더십 실행에 대한 사례연구를 통해 얻게 되며 매우 주관적인 견해를 제공한다. 2001년 9월 11일(9·11) 사건에 관한 Rudolph Giuliani의 저서가 이와 같은 사례이다. Giuliani의 저서는 위기 상황에서의 리더십에 관한 회고이다(Giuliani, 2002). 이런 점에서 Giuliani의 저서는 리더십 이론을 타당화하거나 검증하기 위한 것이 아닌 개인적인 일화, 실천적인 리더십에 관한 일종의 이야기일 뿐이다.

교육 분야에서도 리더십에 대해서 개인적 접근을 하는 데 중요한 통찰력을 주는 많은 이야기들이 있지만 우리에게 실천적인 리더십의 실행에 대해서는 거의 설명해 주지 못하고 있다. 그래서 종종 이러한 이야기들은 리더십은 개인이 무엇을 하고, 리더십에 대한 개인적인 이야기가 경험적 자료를 위한 훌륭한 대용(proxies)이라고 하는 점을 강화시켜 주는 해결책을 위한 묘안(silver bullet advice) 그 이상 혹은 그 이하의 것도 되지 못한다.

Levin(2006)은 리더십에 관한 지식기반에 한 가지 문제점이 있다고 하였다. 즉 '리더십 분야에 많은 관점이 존재하기는 하지만 그것들을 지지하는 연구결과는 많지 않고, 단순히 여론조사의 형태만을 보여 준다'는 것이다. 따라서 분산적 리더십이나 또 다른 새로운 리더십 모형에 대해 고려할 경우, 이론적이고 경험적인 검증이 반드시 필요하다. 왜냐하면 분산적 리더십을 단순하게 좋은 것으로 수용할 수는 없기 때문이다. Gunter와 Ribbins(2003:132)는 다음과 같이 지적한다.

> 분산적 리더십이 규범적으로 좋은 것으로 비추어지는 경향이 있는 반면, 특히 누가 분산을 하는가, 그리고 분산의 수혜자는 누구인가라는 복잡성 때문에 논쟁이 되어 왔다.

분산적 리더십을 보이는 그대로 좋은 것으로 받아들여서는 안 된다. 신중한 실증적 연구가 요구되는 조직개발 및 변화에서는 분산적 리더십과의 관계에 대해 비판적으로 의문을 제기할 필요가 있다(Harris, 2007b). 또한 긍정적인 상황으로 나타나고 있다면 더 많은 연구가 필요하다(Silins and Mulford, 2002; Leithwood et al, 2006a, 2006b).

이 책은 '분산적 리더십이 리더십 실행을 분석하고 이해하는 방식'(Spillane and Sherer, 2004)이라는 점을 논의의 출발로 한다. 하지만 신중하게 규범적이고 처방적인 입장을 취함으로써 논의를 더 확장시켜 나가고자 한다. 우리가 분산적 리더십이라고 의미하는 것이 정확하게 무엇인가? 사람들마다 분산적 리더십을 다른 방식으로 받아들이고 있고 또 개념에 대해 혼동하고 있는 것은 분명한 사실이다(Harris, 2007b). 따라서 다음 절에서는 분산적 리더십 용어와 관련된 다양한 해석과 정의들과 함께 분산적 리더십이 의미하는 것이 무엇인지 밝혀보고자 한다.

분산적 리더십의 정의

저명한 교육관련 출판물을 보면, 분산적 리더십을 수직적, 위계적이고 공식적 리더십 실행과는 반대되는 것으로 설명하고 있다. 분산적 리더십이 수평적이고 비공식적 리더십과 관련이 있다고는 하지만, 그것의 정확한 의미는 다소 정의하기가 어렵다.

리더십을 분산한다는 생각에 대한 폭넓은 관심에도 불구하고, 분산적 리더십이라는 용어를 해석하는 데 있어 종종 대립하거나 때로는 모순된 측면이 있어 왔다. 분산적 리더십에 대한 정의와 이해는 규범적인 측면에서 이론적으로 확대되고, 분산적 리더십 개념을 지지하는 문헌들은 다양하고 광범위하다(Bennet et al, 2003).

현존하는 문헌에서는 분산적 리더십이 공유되고(Pearce and Conger, 2003), 협동적이고 민주적이며(Gastil, 1997) 참여적인(Vroom and Yago, 1998) 리더십과 상당히 중복된다는 사실을 분명히 밝히고 있다. 관련 개념들의 축적은 분산적 리더십이 종종 학교에서 어떠한 형태이든지 위임되고, 공유되며, 전파된 리더십 실행을 설명하기 위한 간편한 방법으로 활용되곤 했다. 이와 같은 포괄적인 용어의 사용은 분산적 리더십을 오용하고 남용하는 결과를 초래했다.

리더십이 영향력과 동일시된다면, 불가피하게 모든 리더십은 분산되어야 하는지가 또한 지적되어 왔다. 이러한 논의가 사실이기는 하지만, 리더십이 분산되는 방식인 분산의 유형도 매우 중요하다. Hargreaves와 Fink(2006), Leithwood 등(2006a, 2006b; 2007)의 최근 연구는 여러 가지 형태의 분산적 리더십이 조직개선과 변화를 이루는 데 있어서 매우 중요하다는 점을 보여 주었다. 동시에 모든 사람이 이끄는 형태가 조직의 효율성 또는 효과성과 일반적으로 관련된 것이 아닐지라도 분산적 리더십은 모든 사람이 리더가 되는 의미로 잘못 이해되곤 한다.

분산적 리더십의 핵심은 리더십이 어떤 특정인의 영역이 아니라 조직 안에서 여러 지위에 놓여 있는 다양한 상호작용의 결과라는 개념이 자리 잡고 있다(Spillane, 2006; Harris, 2006). 이러한 리더십의 개념은 역동적인 조직 실재로서의 리더십을 이해하는 데 있어서, 리더십이 한 지도자의 행위와 신념을 통해 리더십을 이해하려는 노력을 뛰어넘는 것이다. Spillane과 Sherer(2004)가 제시한 것처럼, 분산적 리더십은 '지도자들, 교사들, 그리고 이들이 수업실행에 영향을 미치는 상황 간의 상호작용을 통해 구성되는 것'이다. 따라서 분산적 리더십은 많은 조직 구성원들을 포함하는 리더십 실행의 한 형태이다. 여기서 조직의 영향력(organisational influence) 행사와 의사결정은 개인의 지시보다는 개인들 간의 상호작용에 의해 이루어진다.

분산적 리더십 : 새로운 아이디어가 아니다

분산적 리더십을 제대로 이해하기 위해서는 그 기원에 대해서 몇 가지 생각해 볼 필요가 있다. 분산적 리더십은 전혀 새로운 아이디어가 아니다. 분산적 리더십이라는 용어는 다양한 공식적 · 비공식적인 집단의 업무에 영향을 주는 실제적이고 분명한 요인을 이해하려고 시도한 오스트레일리아의 심리학자 Gibb(1954)에 의해 최초로 사용되었다. 소규모 집단 또는 팀 환경에서 영향력의 형태를 측정하려는 방법을 확인하려고 시도를 하면서, 집중된 리더십(focused leadership)과 분산적 리더십 간의 차이가 만들어졌다.

집중된 리더십은 리더십 활동이 개인에게 집중되어 있는 것을 의미하는 반면, 분산적 리더십은 지속적으로 리더의 역할을 수행하면서 리더십이 사람들에게 공유되고 분산되는 것을 간략히 표현하는 방식이었다. 분산적 리더십에서 영향력은 영향력 있는 타인이 등장함으로써 이동하게 되는 것이다. Youngs(2007:3)가 지적했던 것처럼, 분산적 리더십은 또한 관계적 리더십의 한 유형이기도 하다. 관계적 리더십은 조직에 영향을 미치는 내부 혹은 외부 관계의 복잡한 망에서 조화를 이루고 접촉이 일어나도록 한다. Wenger(1998)가 강조한 것처럼, 분산적 리더십은 사람들이 함께 일할 때 만들어지는 의미이자 정체성에 관한 것이다.

교육행정학 영역의 초기 연구 또한 리더십은 관리직에만 제한되지 않고 조직의 어떤 다른 구성원에 의해 수행될 수도 있다는 점을 강조했다. Barnard(1968)는 리더십의 영향이 하향식으로 전이될 뿐만 아니라 조직 내 각 단계를 뛰어넘어 조직 위계의 위아래로 순환한다는 점을 제시하였다.

예를 들면, Shelley(1960)와 같은 또 다른 연구자들은, 리더의 역할에 관한 팀 구성원들 사이의 의견 차이를 설명하기 위해 분산적 리더십이라는 용어를 사용하였다. 다시 말해 분산적 리더십은 리더십의 위계에 관해서 분명한 합의가 있는 집중된 리더십에 반대되는 것으로 사용되었다. 이러한 관점에서는 분산적 리더십이 조직에서 피해야 할 것으로 비춰지는데, 그것은 구성원들 사이의 확실성과 예측성 그리고 안전성을 떨어뜨릴 수 있기 때문이다. 그러나 이러한 입장을 지지하는 증거들은 한정되어 있다.

조직의 역동성 측면에서 분산적 리더십은 '보스 없는 팀(bossless team)' 또는 '스스로 관리하는 팀(self-managed team)'과 동의어로 사용되어 왔다(Barry, 1991).

본 연구는 분산적 리더십이 연속적이고(sequentially) 동시적(concomitantly)으로 구분·공유·순환·활용되는 역할과 행동이라는 점을 제시하고자 한다. 이는 본질적으로 어떤 특정 시간에 한 팀에 여러 명의 지도자가 존재하는 것을 의미하는데, 이 때 각 지도자들은 서로 보완적인 리더십 역할을 한다. 개별 지도자에 대한 필요성을 감소시키거나 없애려는 리더십에 대한 대체적인 접근(substitute approaches)과 달리, 분산적 리더십 모형은 조직 내 리더십 활동을 적극적으로 양성하고 개발하는 것을 강조한다. 분산적 리더십의 중요한 가정은 각 구성원들이 언젠가 집단에 도움을 줄 수 있는 지도자로서의 역량을 가지고 있다는 것이다.

여기에서 전달하고자 하는 주요한 메시지는 리더십 능력과 역량이 고정된 것이 아니라 확대되고 개발될 수 있다는 것이다. 이는 학교에서 여러 사람들이 추구하고, 암묵적 또는 공개적으로 인정된 리더십 기능들이기 때문에 역동적인 분산적 리더십 유형이 점차적으로 승계된다는 것을 의미한다. 시간이 지나면서 조직의 리더십에 대한 요구는 불가피하게 이동하고 변화할 것이다. 이러한 요구는 리더십에 대하여 유동적이며, 융통성 있고 적응적인 지원 없이는 충족되기 쉽지 않다.

분산적 리더십 모형에서, 학교 내 공식적 리더십 역할을 담당하고 있는 사람들의 책임은 비공식적 지도자가 적절한 시점에 리드할 수 있는 기회를 잡고 변화와 혁신을 도모하는 필요한 지원을 해 주는 것이다(Harris, 2003). 분산적 리더십은 조직 내 공식적 리더십 구조가 제거된다거나 중복된다는 것을 의미하는 것이 아니다. 대신에 수직적이고 수평적인 리더십 과정 사이에 밀접한 관계가 있다는 점을 가정한다. 또한 공식적 리더십 역할에서의 과정들이 학교 내 분산적 리더십 실행에 있어서 문지기 역할(gatekeepers)을 담당해야 한다는 점을 의미한다. 이러한 조건들이 의도적으로 분산적 리더십이 생성 · 촉진되는 환경을 만든다.

다음 세 개의 장에서는 이론적 · 경험적 · 실제적 등 세 가지 다른 관점을 통해 분산적 리더십을 고찰하고자 한다.

분산적 리더십 : 이론

분산적 리더십 : 이론

때가 왔다는 발상보다 강력한 것은 없다(Victor Hugo, 『Les Miserables』, 1862).

여타 다른 리더십 개념들과는 달리, 분산적 리더십은 강한 이론적 틀을 지니고 있다. 분산적 리더십 이론에 대한 최신의 해석은 Spillane(2006)에 의해 제시된 것이다. 그의 책은 분산적 리더십 실행의 이론을 개발하기 위해 분산된 인지와 활동 이론을 바탕으로 하였다. Spillane 등(2001:20)은 분산적 리더십이 "리더들, 구성원들과 그들의 상황 속에서 분산된 실행으로서 가장 잘 이해될 수 있고, 다양한 개인 집단의 활동을 통합한다"고 하였다. 이것은 리더십 기능이 많은 개인들의 일들에 걸쳐 있고 과업이 많은 리더들의 상호작용을 통해 이루어지는 리더십의 사회적 분산을 의미한다. 이러한 이론적 틀은 사회적 맥락 및 상호관계가 리더십 활동의 중요한 부분임을 의미한다.

Edward Hutchins는 『Cognition in the Wild』라는 그의 책에서 미국 해군함의 항해 팀 활동을 관찰했다. 그의 분석은 그 함대를 항구로 정박하는 것과 같은 개별 활동이 그 팀이 인식적이고 계산적인 시스템처럼 행하는 방식에 의해 인지된다는 것을 보여 주었다. 그는 항해 과업을 관찰하고 기술하는 활동은 개인들이 상호작용하여 학습하고 의사소통하며, 집단적으로 활동하는 개인집단이 있다는 점을 제시했다. 이러한 활동은 본질적으로 학습체계, 즉 실행되고 있는 분산적 인지 또는 학습의 형태이다. '팀이 그 시스템 도처에서 전반적인 스크립트 또는 계획 없이도 적절한 순서로 그 행동을 조직하는 것이 가능하다. 각 승무원은 자신이 속한 환경 속에서 특정 조건이 발생하면 무엇을 해야 할 것인지 알 필요가 있다'는 점을 그는 주목했다(Hutchins 1995:15).

학교라는 공간은 해군함과는 상당히 다르지만, 둘 모두 규모가 큰 조직으로서 복잡한 사회체제와 그 체제의 전반에 걸쳐 분산되는 의사소통과 학습을 위한 필요를 공유한다. 분산적 인지는 학습이 다양한 팀 내 및 전반에 걸쳐 상호작용을 통해 발생한다는 것을 의미한다. 분산적 리더십은 비슷하게 리더십 실행이 확대된 집단과 네트워크 내에서 공유되고 실현된다는 것을 나타낸다. 즉 일부 그룹은 공식적이고, 다른 그룹은 비공식적이며, 어떤 경우에는 임시적으로 형성된다.

요약하면, 교사와 다른 직원들이 특정한 일련의 교육문제들을 해결하기 위하여 함께 일하는 곳에서 학교 내 리더십 공간(leadership space)을 차지할 것이고, 다른 사람들에게 영향을 미칠 리더십 실행에 참여할 것이다. 그 핵심은 분산적 리더십이 특정한 형태로 제한되는 것이 아니라 출현하는 특정 문제와 쟁점에 반응하기 위해서 조직 내에서 조정된다는 점이다.

Peter Gronn(2000:226)은 자신의 책에서 분산적 리더십을 '상호작용하는 개인의 집단 또는 네트워크의 창발적 속성'으로 본다. 여기서 리더십은 공조행위의 형태, 즉 사람들이 상호 협동할 때 발생하는 부가적인 역동성 또는 결합하는 단체의 산물에 관한 것이다. 주로 교사 개발과 학교 개선 문헌에서 주로 지지되는 그 함의는 조직개선과 개발은 리더십이 광범위할(broad-based) 때, 그리고 교사들이 협동할 기회를 갖고 변화와 혁신에 능동적으로 참여 하는 곳에서 증진된다는 점이다(Little, 1990; Hopkins, 2001; MacBeath, 1998; Murphy, 2005).

리더십의 망

분산적 리더십의 개념이 사람들과 상황 전반에 걸쳐 일어나는 리더십 활동 및 상호작용의 망으로서 정의된 때는 1990년대 말과 2000년대 초반이었다(Camburn et al, 2003; Heller and Firestone, 1995; Copland, 2003; Spillane and Zoltners Sherer, 2004). Spillane(2001)과 Sherer(2004)의 연구들은 특별히 초등학교에서의 분산적 리더십 실행과 특별한 교과 영역의 교수-학습의 질 개선과의 연계성을 강조하였다.

다른 리더십 이론 또는 모형과는 달리, 분산적 리더십은 조직적 또는 구조적 제약들에 의해 제한되지 않은 리더십 형태이다. 오히려 분산적 리더십은 리더십 지위에 있거나 그 역할을 하는 개인의 행동이기보다는 리더십 실행과 **상호작용**에 일차적 관심을 갖는다. 그것은 또한 리더십의 실행에 있어서 **광범위한 참여**, 즉 의사결정에 있어서 교사, 다른 전문가들, 학생들, 학부모 및 지역사회 인사가 참여하는 것을 의미하는 리더십 모형이다

(Harris and Lambert, 2003).

분산적 리더십은 높은 지위에 있는 사람들의 개인적 특징과 속성들이기 보다는 모든 수준에 있는 사람들에 의해 잠재적으로 발현된 방향설정의 영향(direction-setting influences)이라고 가정한다(Fletcher and Kaufer, 2003:22). 또한 개인과 관련 없는 영향력(non-person sources) 은 우리가 리더십을 조직 수준의 현상으로 바라보게끔 하는 Jermier와 Kerr(1997)의 리더십에 대한 대체(substitutes for leadership) 같은 개념에 포함될 수도 있다.

구조변화 : 경계를 넘어

민간 및 공공 부문에서의 리더십은 최근 몇 년 동안 급격한 변화를 겪어 왔다. 특히 민간 부문에서 리더십 구조는 변화하는 요구들을 충족하기 위해 빈번하게 재설계되어 왔다. 위계보다는 수평적인 매트릭스 구조에 대한 경향은 점차적으로 규범이 되고 있다. 그래서 이러한 재조직은 규범이 되고 있다. 예를 들면, 일반적 회사는 매 3년마다 재조직을 기대할 수 있다. 그러나 재구조화 과정은 그 자체에 목적이 있는 것이 아니라 리더십 실행의 보다 효과적인 형태를 가져오는가에 있다. Wageman 등(2008)은 다음과 같이 지적한다.

> 장기적으로 성공에 대한 열쇠는 효과적인 팀을 만들고 관리하며, 혁신과 지식 공유가 립서비스로서 주어지지 않는 환경을 조성하고, 보다 많은 이해당사자 그룹에게 알기 쉽게 복잡한 전략의 개념을 전달할 수 있는 능력에 있다.

민간 및 공공 부문 내에서 분산적 리더십은 일반적인 모형이 되고 있다. 모든 수준에서 리더십에 대해 점차적으로 초점을 두고 있고 생존을 위해서 광범위한 리더십 역량을 구축할 필요성에 대한 인식이 증가하고 있다.

영국에서 효과적인 리더십에 대한 연구는 '잘 실행된 분산적 리더십이 효과적인 리더십 모형의 핵심적인 특징이라고 결론을 맺는다(DfES, 2007:89). 팀워크에 보다 많은 중점을 두도록 하는 구조의 학교에서 분산적 리더십이 필요하다는 연구에 공헌한 이해당사자들 간의 일반적인 합의가 있다. Collarbone(2005)는 분산적 리더십이 학교에 대한 새로운 과제를 제공하는 필요조건임을 강조하면서 다음과 같이 언급하였다.

> 대부분 학교의 리더십은 한 사람 또는 소수의 개인들에게 권한이 부여된 채 남아 있으며, 이것은 현존하는 위계를 바탕으로 지속되고 있다. 학교에 대한 새로운 요구는 일에 대한 새로운 방식을 요구할 것이며, 학교가 일하도록 하는 것은 보다 큰 범위의 팀 작업과 보다 넓게 분산된 리더십의 권위를 필요로 할 것이다(Collarbone, 2005:827).

분산적 리더십이 조직변화를 안정적으로 만들 가능성이 있다는 아이디어에 대한 문헌으로부터 몇 가지 지지가 있다. 그러나 분산적 리더십은 들리는 것처럼 간단하지 않을지도 모른다. 분산적 리더십은 필연적으로 조직 내에서 강한 구조적·문화적 경계들을 가로지르거나 분해하는 것을 의미한다. 그것은 리더십에 대한 관점을 한 **사람**(person solo)에서 **한 사람 이상으로**(person plus) 전환하는 새로운 방식의 리더십에 관해 생각하는 것을 의미한다. Spillane 등(2001)은 이것을 **리더십 플러스**(leadership plus)라고 부른다.

조직들이 발전하고 성장하고 혁신하는 다른 내적 역량을 가지고 있고,

이러한 역량은 리더십 행위의 다양한 패턴에 상당히 의존한다는 것은 분명하다. 분산적 리더십의 특정 양식이나 구성이 조직변화와 개발의 가능성을 제공한다는 증거들이 증가하고 있다(Leithwood et al, 2007). 요컨대, 분산적 리더십은 학교 내 그리고 학교 간 다른 단계에서 리더십 활동 및 연계에 대하여 활발하게 형성하고 촉진한다는 것을 의미한다. 리더십에 대한 분산적 시각을 갖는 것은 적극적인 촉진과 그것이 번성하는 내적 조건의 창출을 필요로 할 것이다.

조직으로서의 학교는 작업의 새로운 실행과 방법에 대한 상당한 과제를 제시한다. 그 구조들은 유연하지 못할 수 있고 그 문화는 다른 운영 형태를 채택하는 것에 저항할 수도 있다. 학교에서 분산적 리더십과 학습공동체를 유지하는 데 어렵게 하는 세 가지 주요한 장애물이 있다.

- 거리 : 학교들이 다른 학교와 다양한 파트너십 및 협동을 통해 보다 복잡한 조직들로 되어 감에 따라 거리의 문제는 팀들이 만나고 문제를 해결하는 것을 더욱 더 어렵게 만든다. 지정학적 분리가 교사들이 연계되는 것을 더 어렵게 함에 따라 물리적 공간과 거리는 분산적 리더십의 장애물이 될 수 있다. 그러므로 학교에 대한 과제는 거리의 장벽을 허물고 대체 가능한 의사소통의 형태를 추구하는 새롭고 대안적이며, 정보통신기술을 기반으로 하는 해결책을 제공하는 것이다.
- 문화 : 분산적 리더십은 본질적으로 하향식 리더십 모형에서 보다 유기적이고 자발적이며 궁극적으로 통제하기 어려운 리더십의 형태로 변화하는 것을 의미한다. 그것은 한 사람이 주재하는 리더십의 관점으로부터 분산된 특징을 갖는 보다 정교화되고 복잡한 리더십 개념으로 발전하는 것을 의미한다. 학교에 대한 과제는 개인들 간의 상호작용

을 통해 극대화되고 문제해결과 새로운 발전을 가져오는 **조직 자원**으로서 리더십을 보는 것이다.

- **구조** : 학교가 조직되는 방식은 분산적 리더십에 대한 일련의 장애물을 제공한다. 학교 구조는 여전히 교과, 학생 및 학습을 분리하여 관리 가능한 영역으로 구분된다. 분산적 리더십은 이러한 인위적인 장애물의 제거와 학교 운영에 대한 보다 유동적인 방식이 작동하는 방식을 의미한다. 학교에 대한 과제는 조직학습을 제한하는 조직구조와 체계를 제거하는 방식을 찾는 것이다. 우리가 제7장과 제8장에서 살펴보겠지만, 학교는 이미 구조적 장벽을 무너뜨리고 있다.

이것은 우리를 어디로 데려갈 것인가? 첫째, 분산적 리더십이 최적으로 작동하고 번성하는 문화적·구조적 조건 또는 공간을 창출할 공식적 리더십 역할을 수행하는 사람들을 필요로 한다. 둘째, 비공식적 리더들을 발굴하고 그들의 리더십 잠재력을 개발하는 기회를 극대화하는 공식적 리더십 지위에 있는 사람들을 필요로 한다. 셋째, 리더-추종자 관계로부터 조직 내에 있는 다양한 유형의 리더들 간에 그리고 조직 내의 다양한 수준에서의 상호작용에 초점을 두는 것으로 이동하는 것을 의미한다.

분산적 리더십에서 모든 관계는 중요하며 리더십은 과업이 수행되는 방식에 대한 상호신뢰와 합의가 있을 때만 이행될 수 있는 반면, 리더-추종자 관계는 권력 불균형을 의미한다. 분산적 리더십은 특히 어떤 형태의 분산적 리더십이 긍정적인 학습결과를 가져올 수 있는가에 초점을 맞추어 분산적 리더십과 학습 사이의 관계를 자세히 탐색하는 것이 필요하다. 이것은 분산적 리더십과 학습 간의 관계를 다루는 다음 장에서 살펴볼 것이다.

분산적 리더십 : 증거

분산적 리더십 : 증거

생존에 가장 강한 종은 지적으로 가장 뛰어난 종이 아니라 변화에 가장
잘 적응하는 종이다(Charles Darwin, 『종의 기원』, 1909).

도입

지난 반세기 넘게 조직성과와 관련하여 리더십의 중요성을 언급하는 상당
히 많은 저서들이 발간되었다. 학교개혁과 개선에 관심을 갖고 있는 사람
들에게 리더십만큼 강력하게 생각되는 현대적인 개념은 없었던 것 같다.
많은 문헌들에서 학교 발전과 변화를 일으키고 지속시키는 데 있어서 리
더십의 중요성을 강조되고 있다(Day et al, 1999; Fullan, 2001). 여러 분
야의 학자들은 조직개발의 성공을 정의하는 등식으로 리더십을 핵심 변수

로 보고 있다(Murphy et al, 2006).

수석교사나 교장의 모습에서 효과적인 리더십이 성공적인 학교와 동일시되어 왔고, 학생의 성취수준을 향상시키는 데 중요한 구성요소로 인식되어 왔다(Murphy, 1988; Leithwood et al, 2004; Marzano et al, 2005). 지난 30여 년 넘게 이 주제에 관한 강한 반대 입장에 있는 많은 문헌들에도 불구하고 리더십에 대한 관심은 지속되고 있다. 리더십이 앞으로도 조직 성공과 개선에 결정적인 요소라는 점은 많은 경험적 연구에서도 명확하게 나타난다(Townsend, 2007; Reynolds et al, 1995; Stoll and Fink, 1996). 그러나 리더십과 학습 사이의 관계에 대한 정확한 본질적인 경험적 증거는 분명하지 않다.

오랫동안 연구자들은 사람들을 이끄는 최선의 방법은 없다고 하였다. 또한 효과적인 리더십은 구체적인 상황과 관련되어 있다고 하였다. 궁극적으로 학교장의 리더십은 학교운영과 교실 활동에 따라 달라진다(Murphy et al, 2006). 수석교사, 장학사, 주지사, 장관과 같은 교실 외부의 리더십이 학생의 학습 성과에 간접적인 영향을 미친다는 리더십 효과에 관한 증거가 있다(Hallinger and Heck, 1996).

이러한 리더십의 근원들이 학생 성취에 영향을 주기 위해서는 학교 외부에서 간접적인 영향을 미치는 리더들이 학교 문화와 같은 조직의 핵심 조건이나 특성에 대한 상태뿐만 아니라 교사와 같은 다른 동료들의 직무에 긍정적으로 영향을 미치는 형태에 대해 조치를 취할 필요가 있다. 이것들은 리더십이 학습효과에 영향을 미치도록 중재하고 조정하는 영향력 또는 변수들이다(Day et al, 2007).

교장들은 학교와 교실 변수들과 직접적인 관계를 가지거나 영향을 미치며, 또한 학생 학습에 대하여 직접적인 영향을 미친다. 리더와 학생 사이에 일어나는 변수들에 대하여 우리가 어떻게 생각할 것인가는 학교조직의 규모와 형태에 달려 있다. 예를 들어, 소규모의 초등학교에서는 많은 교장들이 대체로 중요한 교수 역할을 하고 교실에서 학생들과 가깝게 지낸다. 대규모의 중등학교에서는 학생들의 학습에 대한 교장의 영향은 거의 다른 교직원을 통하여 조정된다.

우리는 리더십이 학교에서 변화를 위한 촉매제로 작용한다는 것을 안다. 이것은 리더십이 본래부터 선하다거나 덕이 있다는 것을 의미하기보다는 조직의 추진력과 에너지를 제공할 수 있는 하나의 힘이 되기 때문이다. 앞서 강조했듯이, Leithwood 등(2006a, 2006b)은 '학교 리더십은 학습에 영향을 미치는 교실 수업보다 우선될 수 없다'고 주장한다. 그들은 학교 리더십이 학생의 학업성취에 미치는 직·간접적인 효과는 약하지만 교육적으로 의미가 있다고 결론을 맺고 있다. 이러한 주장은 총체적 리더 효과에 관한 대규모의 양적 연구로부터 도출된 리더십 효과에 관한 증거를 바탕으로 하고 있다. 리더십은 학교 전반에 걸쳐 학생의 학습에서 단지 5~7%의 변화량을 설명하지만, 학생 입학 인원수 또는 배경 요인을 통제한 후의 설명된 변화량은 실제 모든 학교 수준의 변수들에 의해 설명된 총 학교 변화량(12~20%)의 약 1/4 정도이다.

Leithwood 등(2006)은 이러한 증거로부터 리더십이 학교조직의 질과 학습에 매우 유의미한 영향을 미친다고 결론을 내리고 다음과 같이 언급하였다.

> …리더십은 이미 조직에 존재하는 잠재적인 역량을 발휘하도록 하는 촉매제 역할을 한다. 리더십 역할을 담당하는 사람들은 그것을 올바르게 이해할 막중한 책임이 있다.

요약하면, 학교에서 공식적 리더십 역할을 담당하는 사람들은 학생의 학습에 간접적인 영향을 미치지만, 학습을 지원하는 조직의 상황에는 직접적인 영향을 미친다(Harris, 2005). 광범위한 또는 분산적 리더십이 조직 상황에 긍정적으로 영향을 미칠 수 있다는 증거들이 나타나고 있다. 다음 절에서 자세하게 그 근거를 살펴보고자 한다.

분산적 리더십과 조직학습 : 증거

앞서 언급했듯이, 리더십에 대한 새로운 개념과 형용사는 거의 매일 나타난다. 리더십에 대한 연구는 지나친 리더십 개념들과 받아들여지지 않은 이론들로 가득 차 있다. 하나의 이론이 사라지자마자 지식기반의 타당성에 대한 의문들이 제기되면서 곧바로 다른 이론이 그것을 대체한다. 많은 이론들은 학교의 실용성과 현실성에 근거하는지 또는 학습과 연관이 있는지에 대한 고려 없이 구성되고 보급된다.

만약 우리가 리더십이 조직 성공의 핵심 요소라고 생각한다면, 어떤 형태의 리더십이 조직 개선을 가져오고 지속해 주는가를 질문해야 하지 않을까? 즉 분산적 리더십이 다른 형태의 리더십보다 긍정적인 학업성취를 가져올 것 같다는 어떠한 증거가 있는가? 여기에서 우리는 첫 번째 문제를 생각할 수 있다. 분산적 리더십과 학습 사이의 직접적인 관계에 대하여 제한된 증거가 있다. 증거를 보여 주는 연구들이 진행되고 있지만, 이 관계에 대하여 한정되고 체계적이며 상세한 증거를 가지고 있다(예 : Camburn et al, 2003; Spillane and Diamond, 2007; Leithwood et al, 2007).

분산적 리더십에 대한 증거의 근거는 다양하다. 조직변화, 조직 효과성,

학교 개선, 전문가 학습공동체, 교사 리더십에 관한 문헌들에서 찾아볼 수 있다. Youngs(2007:2)는 2002년부터 2007년까지 분산적 리더십 실행에 대하여 32개의 연구들이 있다고 제시하였다. 그 연구들은 분산적 리더십 실행(예 : Court, 2003; Macbeath, 2005)에 관한 소규모의 사례연구, 교사 리더십 프로젝트(예 : Crowther et al, 2002), 효과적인 리더십, 문헌분석 연구(Timperley, 2005) 등에 해당된다.

이러한 많은 연구들에서 분산적 리더십은 경험적 연구에 초점을 두지 않았다. 네 개의 연구가 대규모로 이루어졌고, 분산적 리더십과 조직 또는 학습 성과 사이의 관계를 조사하는 데 분명하게 초점을 맞추었다(Camburn et al, 2003; Leithwood et al, 2004 and 2007; Spillane et al, 2003 and 2007; and Spillane and Zoltners Sherer, 2004). 이 연구들은 다음 장에서 자세하게 다루어질 것이다.

분산적 리더십과 조직변화

분산적 리더십에 관한 문헌은 매우 다양할지라도 조직변화와의 관계에 대해서 흥미 있는 통찰력을 제공해 준다. Graetz(2000)의 연구는 분산적 리더십의 시각이 조직변화를 위한 긍정적인 통로임을 지적한다. 그는 고위층의 강한 개별화된 리더십과 분산적 리더십을 결합하는 조직이 느슨하고 타이트한 업무 관계의 역동성을 관리하는 데 있어서 가장 성공적이라고 지적한다. 마찬가지로 Gold 등(2002)도 열 개의 우수한 학교 리더에 대한 연구에서 학교 내에서 리더십 역량 개발이 성공의 핵심임을 지적한다.

네트워크화된 학습공동체와 전문가 학습공동체에 관한 문헌들은 분산적 리더십이 향상된 학습 결과를 가져오는 중요한 구성요소라고 설명한다. Stroll과 Seashore Louis(2007:2)는 전문가 학습공동체가 학생 학습개선이라는 목표를 추구하는 학교에서 전문가들의 학습을 촉진하고 유지하기 위한 역량을 갖도록 한다고 하였다. 또한 학습을 향상시키는 데 요구되는 리더십의 형태가 넓게 분산된다고 지적하였다. Lieberman(2007: 201)은 참여자들이 리더십 실행을 공유하고자 참여할 때, 자신들의 일뿐만 아니라 동료들의 일에 대해서도 자신의 일처럼 생각한다고 강조한다. 그리고 네트워크화된 학습공동체에 대한 심도 있는 논평에서 Jackson과 Temperley(2007:60)는 이러한 그룹들의 리더십이 '지위보다는 목표'에 의해 결정된다고 강조한다. 그들은 '전문가 학습공동체와 같은 네트워크화된 학습공동체가 적절한 리더십과 촉진을 필요로 한다'고 주목한다 (Jackson and Temperley, 2007: 52).

Morrisey(2000)의 연구는 교장을 넘어 리더십 책임을 확대하는 것은 학교에서 효과적인 전문가 학습공동체를 발전시키기 위한 중요한 토대라고 결론짓는다. 다른 연구(Portin, 1998)들 또한 조직변화와 리더십 실행에 대한 분산된 형태 사이의 정적 관계를 지적한다.

학교 개선에 관한 문헌들은 학교에서 긍정적인 변화를 수반하는 리더십유형에 대하여 비슷한 주장을 한다. 의사결정 과정에서 교사 참여의 중요성과 긍정적인 학교 개선과 변화에 강한 동료관계의 기여를 일관되게 강조한다(Townsend, 2007).

Little(1990)은 '동료관계'는 최소한 공유된 아이디어를 발전시키고 개선을 촉진하는 리더십의 형태를 생성하기 위한 토대가 된다고 주장한다. Little(1990)의 연구는 명확하게 분산적 리더십을 언급한 것은 아니지만, 교사들 간에 협력적 리더십 과정을 강조한다. Rosenholtz(1989)는 학교에서 긍정적인 변화를 일으키는 수단으로 교사의 동료의식과 협력을 주장한다. Rosenholtz(1989)의 연구는 효과적인 학교는 교장과 교사의 가치 및 규범과 행동 사이에서 보다 끈끈한 조화를 이루며, 이를 통해 학교 성과에 긍정적인 영향을 가져온다고 결론 내리고 있다. Nias와 그녀의 동료들의 영국학교에 대한 연구(Nias et al, 1989)도 비슷한 결론을 나타냈다. 이 경험적 연구에서 학교 개선은 교사들이 함께 일하고 발전과 변화를 이끌어 갈 기회가 있을 때 더 일어나기 쉽다는 것을 보여 주었다.

학교 개선을 지속하는 수단으로써 역량구축의 중요성을 지적하는 많은 증거들이 늘어나고 있다(예를 들면, Fullan, 2001; Sergiovanni, 2001). 사회적 응집성과 신뢰와 더불어 분산적 리더십은 역량구축 모형의 중심에서 오랫동안 논쟁이 되어 왔다. 이러한 관점에서 리더십은 조직 내에 나타나는 인간의 잠재력에 있다. 이에 대해 Gronn(2000)은 '구성원들이 그들의 전문지식을 공유하는 개인의 그룹이나 네트워크에 대한 창발적 속성'이라고 본다.

형성적 리더십(formative leadership)이란 용어는 학교 내에 많은 리더들이 있다는 믿음을 바탕으로 발전되어 왔다(Lashway, 2003). 리더십은 사람들의 공식적 지위를 유지시켜 주는 것이 아니라 다른 직원들을 건설적인 리더로 성장할 수 있도록 학습기회를 촉진하는 중요한 기능을 한다. 이는 리더로서의 교사는 행정적인 지원이 있어야 나타난다는 관점을 전제로 한다. 이것은 학교 내에 역량구축의 계획적인 형태이다. 성공적인 조직은 리더십의 다양한 근원에 달려 있고, 그 중요하고 지속적인 개선은 행정적이고 교육적인 수준 모두에서 학교 변화를 위해 협력적으로 일할 때 일어난다고 주장해 왔다(Lima, 2007).

Ogawa와 Bossert(1995)는 리더십을 보는 특정한 관점에 따라 리더십의 시각이 결정될 것이라고 제시한다. 이들은 리더십에 대한 이해의 틀을 만드는 네 가지 기본 가정을 전제로 하고 있는 **기술적이고 합리적인 관점**이 리더십에 대한 주된 시각이라고 주장한다. 그 네 가지 기본적인 가정은 다음과 같다.

1. 리더십은 조직성과에 영향을 미치는 기능을 한다.
2. 리더십은 조직의 역할과 관계가 있다.
3. 리더는 특정한 자질을 가지고 있고 특정한 방식으로 행동하는 개인들이다.
4. 리더들은 조직문화 내에서 그 영향력을 발휘한다.

리더십에 대한 이러한 관점을 활용할 때, 리더들은 필연적으로 목표달성이 일차 목표인 조직 위계의 상위층에 한정된다. Orawa와 Bossert(1995)는 리더십의 기능은 사회적 합법성과 조직의 생존에 있다는 제도적 관점으로부터 조직의 관점을 개관한다. 저자들은 리더십을 다음과 같이 기술한다. '… 우리는 리더십을 조직의 질, 즉 체계적 특성으로 간주한다. 그것을 찾기 위해, 우리는 한곳 또는 다른 곳을 보는 것이 아니라 조직 전반에 걸쳐서 리더십에 대해 거리를 두고 생각하면서 리더십에 대한 지도를 그려야 한다'(p. 225). 이러한 관점에서 리더십은 한 개인의 행위 이상이라고 할 수 있다. 즉 그것이 일어나는 전체 시스템에 영향을 미쳐야만 한다.

영국(Harris, 2002), 노르웨이와 오스트레일리아(Gurr et al, 2005)의 연구들은 학교 수준에서의 개선은 의사결정과 리더십에서 많은 이해당사자들이 참여함으로써 달성된다는 것을 입증함으로써 Ogawa와 Besert의 결론을 뒷받침해 주고 있다. 분산적 리더십과 학생 성과 간의 연계가 직접적으로 탐색되지는 않았지만, 이러한 성공적인 학교들에서 교장에 의해 채택된 리더십의 접근들은 폭넓게 분산된 것으로써 특징지어질 수 있다.

또한 분산적 리더십에 대한 관심은 학교 간 그리고 학교 전반에 걸쳐 다른 형태의 협력에 대한 확대로 축적되어 왔다. 네덜란드의 어떤 지역에서는 학교들이 하나의 수석교사 아래 함께 그룹으로 만들어졌다. 영국에서는 지금의 교육 현장에서 다른 형태의 분산적 리더십이 연합 또는 파트너십으로 두 개 또는 세 개의 학교들을 감독하는 수석교장(excutive head), 공동교장(co-headship), 보조교장(assistant heads), 그리고 리더십팀의 형태로 학교에서 이미 나타나고 있다.

증가하고 있는 학교 간 네트워크 내에서, 분산적 리더십은 학교 구성원 상호 간에 더 많은 학습할 기회를 제공한다는 주장이 있었다. 그들이 서비스를 제공하는 학생, 실행가들과 지역사회에서 네트워크의 영향에 관한 문헌들을 최근에 체계적으로 검토한 결과, 네트워크가 '새로운 실행을 공유하고 시작하고 열중할' 교사들에게 학습의 기회를 제공한다고 결론짓는다(Bell et al, 2006). 네트워킹과 성취 간의 직접적인 연관성이 연구 증거로부터 도출되지 않았을지라도, 관련 자료들은 학교 내 그리고 학교 전반에 걸쳐 증가하는 교사 협력과 조직개발 사이의 정적인 관계를 강조한다.

호의적이지 못한 관점

분산적 리더십에 대하여 덜 호의적인 관점을 가진 문헌 또한 찾아볼 수 있다. 많은 연구자들이 리더십에 대한 더 일반적인 **집중된** 리더십 형태에 반하여 리더십의 분산된 형태를 양극화시키는 경향이 있다. 최근의 문헌은 학교에서 분산적 리더십과 적극적으로 관련된 어려움들을 강조한다.

이러한 연구들은 분산적 리더십 모형을 성공시키기 위하여 극복해야 할 몇몇 장애물들이 있고, 또한 실제 분산적 리더십을 실행하는 것은 간단하지 않다는 점을 보여 준다. 예를 들어, Timperley(2005)는 분산적 리더십에 대한 규범적인 입장과 관련된 결점들과 주의할 점들을 지적하였다(또한 Colwell, and Hammersley-Fletcher, 2004). 예를 들어,

> 교사들 간의 분산적 리더십은 바람직할지 모르지만, 관련된 잠재적인 어려움들에 대하여 몇 가지 주의할 점들이 있다. 비록 공식적으로 임명된 리더들이 존중과 권위를 강요하지는 않을지라도, 교사 리더들은 공식적 권위를 수반하지 않기 때문에 공공연하게 무시당하고 홀대받는 것에 대해 상처받기 쉽다. 반면 동료들은 다른 기준을 적용하여 그들의 리더를 선출할 수 있기 때문에 동료들에 의한 교사 리더의 지명은 집단 내에서 잠재적인 전문지식을 실현하지 못할 수 있다(Timperley, 2005:412).

앞서 언급했듯이, 리더십의 분산된 형태를 실행하기 어렵게 만들 수 있는 학교에서 작용하는 주요한 구조적 · 문화적 · 미시정치적 장애들을 간과하는 것은 미숙한 것일지도 모른다. 리더들은 어떤 활동에 대하여 직접적인 통제를 포기해야만 하기 때문에 분산적 리더십은 자아와 지각된 권위의 측면에서뿐만 아니라, 그것이 리더들을 공격받기 쉬운 입장에 있도록 하기 때문에 공식적인 힘을 가진 사람들에게 너무 위협적이라고 간주될 수 있다.

사실상 오늘날 학교 구조는 교사들이 자율성을 가지고 리더십 역할을 수행하기 어렵게 만들지도 모른다. 또한 적절하게 실행하지 못했을 경우 분산적 리더십에 대한 하향식 접근은 잠재적으로 피해를 줄 수 있고 오도

된 위임에 지나지 않을 수도 있다. 미국의 규모가 큰 대도시의 학교구에서 수행된 교사평가를 위한 교사들의 리더십 분산에 관한 Goldstein(2004)의 연구는 많은 어려움을 강조하였다. 이 연구는 평가 과정에 둘러싸인 평가 및 모호함과 관련된 위계적 규범, 지역구 리더들의 기대와 태도 등의 어려움들이 리더십 분산에 대한 과제임을 보여 주었다.

분산적 리더십과 학습

분산적 리더십 연구와 관련된 몇 가지 방법론적인 어려움들에도 불구하고 학습에 대한 장점을 지적하는 중요한 연구들이 있다. 캐나다의 Leithwood와 그의 동료들은 대규모로 조사된 연구에서 '교사들에게 상당한 정도로 리더십 활동을 분산하는 것은 교사 효과성과 학생 참여에 긍정적 영향을 준다'고 결론짓는다. 그들은 또한 교사 리더십은 가정배경을 고려하는 것 다음으로 교장 리더십 효과를 능가하는 학생 참여에 중요한 영향을 미친다는 점에 주목하였다.

태즈메이니아에서 Silins와 Mulford(2002)의 학생 학습에 대한 리더십 효과에 관한 연구들은 분산된 리더십 유형들이 학생의 학습 성과에 영향을 미치는 중요한 과정에 대한 몇 가지 축적된 증거를 제공한다. 2,500명이 넘는 교사 및 교장으로부터 자료를 수집한 이 연구는 '리더십 근원이 학교 공동체에 걸쳐서 분산될 때와 교사들이 그들에게 중요한 분야에서 권한을 부여받았을 때 학생 성과는 더 향상될 것'이라고 결론지었다.

영국에서 이루어진 소규모 연구에서 의사결정의 교사 참여 정도와 학생 동기 및 자기효능감 사이에서 통계적으로 정적 관계를 발견하였다(Harris and Muijs, 2004). 이 연구는 학교 내에서 의사결정을 하는 데 있어서 교사 참여와 학생의 성과 범위 간의 관계를 조사한 것으로, 분산된 형태의 리더십이 학생 성과에 정적인 영향을 준다는 것을 명확하게 밝혔다. 또한 교사와 학생 모두의 사기 수준은 교사들이 학교 발전과 관련된 의사결정 과정에 더 참여하고 관여했다고 느낀 곳에서 향상되었다.

'분산적 리더십 연구'(Spillane et al, 2001; Spillane and Sherer, 2004)는 분산적 리더십 실행에 관한 가장 대규모로 이루어진 최신의 연구이다. 미국의 National Science Foundation과 Spencer Foundation에 의해 자금을 제공받아 4년에 걸쳐 이루어진 이 연구는 분산적 리더십과 교육 성과에 초점을 맞춘 의미 있는 연구들 중 하나이다. 이 프로젝트는 리더십 실행에 대한 심층적인 분석을 통하여 리더십의 블랙박스를 더욱 명백하게 밝히고자 계획되었다. 이 연구의 핵심 논의는 분산적 리더십이 학교의 사회적 · 상황적 맥락 전반에 확산된 분산적 실행으로서 가장 잘 이해될 수 있다는 것이다.

시카고의 13개 초등학교를 대상으로 한 연구에서 수업개선의 과업에 다수의 리더들이 기여했다는 것과 여러 리더들 사이의 상호작용을 이해하는 것이 리더십 실행을 이해하는 데 중요하다는 점을 발견하였다. 그들의 연구는 개인 리더보다 오히려 학교가 리더십에 대한 전문지식을 개발하는 데 가장 적절한 단위라고 결론지었다. 또한 이 연구는 학교 리더십을 향상시키는 데 관여하는 것은 개인의 공식적 리더에 초점을 맞춤으로써 이루어지는 것도 아니며, 또한 자원의 최적인 활용에 의한 것도 아니라고 결론지었다.

Copland(2003)의 다른 연구에서는 데이터에 기반을 두고 전체적인 학교 개혁을 시도했던 86개 학교의 개선을 조사하였다. 모든 학교들은 참여적 리더십(participatory leadership)을 도입하고 이행하는 데 적극적이었다. 이 연구는 학교 리더십에서 광범위한 교직원의 참여와 의사결정에서 모든 수준에서의 참여를 발견하였다.

Camburn 등(2003)은 미국 1,000여 개의 초등학교를 대상으로 연구하였다. 이 연구는 세 개의 종합학교 개혁 프로그램(Comprehensive School Reform programmes)에서 공식적 역할과 새로운 역할의 분산을 조사하였다. 또한 미국에서 Karen Seashore Louis 등(2007)은 리더십 유형을 변화하는 데 계획적으로 참여하게 된 학교에 초점을 두었다. 이 자료는 어떻게 교사들과 학교 리더들이 더 공유하거나 분산된 리더십의 요구에 반응하는가에 대한 통찰력을 제공하고 있다.

캐나다에서는 학교와 학교구에서 분산적 리더십을 탐색하는 대규모 연구가 수행 중에 있다(Leithwood et al, 2006a, 2006b). 이 연구는 리더십 분산의 다른 유형과 조직성과에 대한 영향에 초점을 맞추었다. 이 연구 결과는 수석교사와 교장이 학교에서 분산적 리더십을 실행하는 데 상당한 책임감을 가진다는 것을 보여 준다. 또한 리더십이 교사들에게 분산되는 성공은 행정적 발단과 자발성에 달려 있다는 것을 보여 준다. 그들의 연구는 다음과 같은 결과를 보여 준다.

- 교장이나 수석교사는 그들이 문제해결 팀을 만들 때 리더십의 분산된 형태가 행정적 리더십을 대체할 수 있도록 장려한다.
- 교장이나 수석교사는 종종 리더십 책임감을 가지고 있는 교사들을 선발해야 하며, 그들의 선발은 교사들이 무엇을 할 수 있는지 아는 것에 기초를 두어야 할 뿐만 아니라 교사들에게 혜택이 될 전문적 개발 형태에 기초를 둘 필요가 있다.

앞서 강조했듯이, 분산적 리더십의 장애물 중 하나는 교장과 교사들이 리더십 분산을 보는 방식에 있다. 만약 위임으로 본다면 더 많은 일을 맡는 것을 원하지 않는 교사들이 저항하기 쉽다. 만약 교장들이 분산적 리더십을 자신들의 권력에 대한 침해와 동등하게 본다면 위협적인 것으로 생각하여 일어나지 않을 것이다.

리더십의 분산에 영향을 주는 다른 요인들이 확인되었다(Murphy, 2005).

- 자원(리더십 역할을 준비하고 참여하는 모든 측면을 위한 충분한 시간을 포함)
- 인센티브와 인식(공적인 인정과 같은 재정적이고 비재정적 보상 포함)
- 역할의 명확성(동료들 간의 적의를 피하는 노력 포함)

이러한 영향력들은 교사들에게 중요할 뿐만 아니라 만약 리더십이 교직원, 학부모와 학생들에게 분산된다면 그들에게도 중요할 것이다. Leithwood 등(2006a, 2006b; 2007)의 연구는 다른 사람들에게 리더십을 분산하는 것이 '공식적 리더십 역할을 가진 사람들에게 더 적은 요구를 초래하지 않는다'는 사실을 지적하였다. 그래서 분산적 리더십이 공식적 리더십 역할을 가진 사람들에 대한 압력을 완화하는 방식이 아닌 것처럼 보인다. 반대로 분산적 리더십은 리더십 활동을 조정하고 조직화하고 지원하는 측면에서 더 큰 요구를 만들어 낸다. 공식적 리더십 역할을 가진 사람들은 비공식 리더들이 생기는 조직기반을 적극적으로 만들 필요가 있다.

리더십 분산의 유형

Leithwood 등(2007) 연구의 초기 결과들은 특정한 분산적 리더십 유형이 조직성과 측면에서 중요하다는 것을 보여준다. 또한 조직성과에 대한 분산적 리더십의 영향은 리더십 분산의 유형에 달려 있다는 것을 나타낸다. 이 연구는 성공적인 리더십 분산을 위해 필요한 두 가지 중요한 조건들을 강조한다.

1. 리더십은 기대되는 리더십 과업을 수행하는 데 요구되는 지식 또는 전문적 기술을 가지고 있거나 발전시킬 수 있는 사람들에게 분산될 필요가 있다.
2. 효과적인 분산적 리더십은 가급적이면 계획된 방식으로 조정될 필요가 있다.

성공적인 리더십 분산을 위한 이러한 조건들은 Locke(2002)의 리더십의 **통합적 모형**으로부터 비롯되었다. 이 모형은 대부분의 조직에서 수평적(예 : 교사 대 교사) 영향에 대한 다양한 형태에 기반을 둔 분산적 리더십의 실재와 장점 모두를 인정한다. 또한 어떠한 성공적인 조직에서 수직적 또는 위계적 리더십의 필수적인 근원을 강조한다.

Gronn(2003)은 분산적 리더십을 **부가적**(additive) 분산적 리더십과 **총체적**(holistic) 분산적 리더십의 두 가지 형태로 분류한다. 부가적인 분산 형태는 리더십에 대한 **조정되지 않은** 유형을 설명하는데, 다양한 사람들이 조직에서 다른 사람들의 리더십을 고려하지 않고 리더십 작용에 관여할지도 모른다는 것이다. Locke의 모형은 분산적 리더십의 계획되지 않은 형태가 조직이 발전하고 성장하는 데 도움이 조금 된다고 제시한다.

총체적 또는 지도자 확대(person-plus) 리더십(Spillane, 2006)은 조직에서 리더십에 대한 여타 많은 근원들 중에서 의식적으로 관리되는 것으로 상승적인 관계를 가리킨다. 분산적 리더십의 이러한 형태는 리더들의 합계가 부분들의 이상이라고 가정한다. 또한 리더십을 제공하는 사람들에게는 높은 수준의 상호의존이 있고, 그들의 활동에 기여하는 영향력은 조직을 위하는 것일 뿐만 아니라 참여하는 개인들의 학습을 이끄는 역동적이고 다각적이며 사회적인 과정으로부터 나온다고 가정한다(Pearce and Conger, 2003).

Gronn(2003)은 분산적 리더십의 공조적인 형태는 세 가지 방식을 가질 수 있다고 제시하였다.

- **자발적 협력** : 가끔 다른 기술과 지식 역량을 가지고 있고 또한 다른 조직 수준에 있는 개인 그룹들은 그들의 전문지식을 공동 이용하기 위해 연합하며, 일하는 기간 동안 그들의 행동을 조직화하고 나서 해산한다.
- **직관적인 업무 관계** : 공조된 분산적 리더십의 형태는 시간이 지남에 따라 나타나는데, 즉 '둘 이상의 조직 구성원들이 서로 신뢰하게 되고 가까운 업무 관계를 발전시키는 것에 따라, 그리고 리더십이 구성원들의 관계에 둘러싸여 공유된 역할 공간에서 명백하게 됨에 따라 나타난다(Gronn, 2003:657).
- **제도화된 실행** : 가장 명백하게 구체화한 위원회와 팀을 언급하면서, Gronn(2003)은 계획으로부터 또는 덜 체계적인 적응을 통하여 생겨나는 공식화된 구조를 설명한다.

Leithwood 등(2007)은 Gronn(2003)의 분산적 리더십의 총체적 형태를 다듬었다.

- **계획적인 조정** : 리더십을 제공하는 사람들의 과업이나 기능은 조직 구성원들에 의해 사전에 심사숙고되어 왔다. 협정은 어떠한 리더십 실행이나 기능이 어떤 리더십 근원(교장, 부서장, 교사 등)에 의해 가장 잘 수행이 되는지에 대하여 사전에 심사숙고되어 왔다. 비록 조정이 일반적으로 조직을 위해 좋은 것이라고 고려될지라도, 생산성에 대한 이러한 배치가 긍정적인 공헌이라고 저절로 가정될 수 없다.
- **자발적 조정** : 이 유형에서 리더십 업무들과 기능들은 거의 계획 없이 분배된다. 예를 들어, 교장은 자신이 학교에 중요한 가치들을 만드는 데 책임감을 가질 것이라고 가정하며, 그 밖에 모든 사람들도 같은 가정을 한다. 그럼에도 불구하고 리더십 기능을 수행해야 하는가에 대한 무언의 직관적인 결정은 리더십 근원들 전반에 걸쳐 우연한 기능의 조정을 초래한다.
- **자발적 부조정(misalignment)** : 이 유형은 잠재적인 가치, 믿음, 기준뿐만 아니라 리더십 분배의 방식에서 자발적 조정을 반영한다. 그러나 성과는 다르거나 또는 덜 우연스러운 부조정(최저에서 광범위한 범위에 이르기까지 다양할 수 있는)이다. 장·단기적으로 조직의 생산성은 이 (부)조정의 형태로부터 손해를 입는다. 그러나 조직 구성원들은 기본적으로 계획적이거나 자발적인 조정에 반대하지 않으며, 하나의 종류 또는 다른 종류에 대한 미래의 생산성 조정에 대한 타당하고 열린 전망을 남겨놓는다.
- **무질서한 조정불량** : 몇몇 또는 많은 조직 리더들의 부분에 관한 이 유

형은 그들 자신의 세력권에서 무엇을 해야만 하는지에 대하여 다른 사람들로부터 투입에 대한 적극적인 거절에 의해 특징지어진다. 그 결과, 조직 목표와 자원에 대한 접근과 같은 문제에 대하여 다른 집단들과 경쟁하면서, 그 리더들의 집단은 매우 **독립적으로** 행동한다. 그러나 다른 사람들의 영향을 적극적으로 거절하는 것은 대부분의 문제에 관한 자신의 입장에 대하여 상당한 성찰을 자극한다.

Leithwood 등(2007)의 초기 연구결과들은 조정에 대한 **계획적이고 자발적인** 유형들이 긍정적인 조직변화를 위해 가장 큰 잠재력을 가진다고 제시하였다. 더욱이 '계획적인 조정'은 장기적인 조직의 생산성에 대한 다른 형태의 조정보다 더 기여하는 것처럼 보인다. 이 연구는 자발적 부조정과 무질서한 조정이 장·단기적으로 조직변화와 개발에 부정적인 영향을 미치기 쉽다는 것을 발견하였다.

그러나 분산에 대한 계획적인 조정은 실제로 어떤 모습인가? 어떤 상황 요소들이 리더십이 분산되고 있는지 아닌지 그리고 어떻게 분산되는가에 영향을 미치는가? 다음 장에서 맥락상의 분산적 리더십을 알아보고자 한다.

맥락상의 분산적 리더십

맥락상의 분산적 리더십

앞으로 가장 중요한 것은 사람들 사이에 경계를 무너뜨리는 것이며, 그래야 우리는 하나의 지성으로써 실행을 할 수 있다(Einstein).

도입

현재의 상황은 빠르고 전례가 없는 변화 중 하나이다. 조직들이 기능하고 작용하며, 서로 관련이 있는 방식은 극적으로 바뀌고 있다. 경제, 보건 또는 교육에서 과거의 조직구조는 미래의 구조가 되기 쉽지 않다. 기술, 국제 통신, 그리고 상당한 변화 속도는 근본적이고 영구적인 조직의 재설계를 필요로 한다. Yeats가 제시했듯이, 중심은 유지되지 못한다고 했다. 우리는 교육 실행, 구조와 일하는 방식을 재검토하고 그것들이 목적에 알맞게 유지되고 있는가에 의문을 제기해야 한다.

철학자이자 사회학자인 Charles Taylor(2004)는 사람들이 그들 스스로, 그들의 집단적 삶과 사회에 대하여 가지는 광범위한 이해를 설명하기 위해 '사회적 상상(social imaginary)'이라는 용어를 고안하였다. 이것은 사물들이 존재하는 방식과 작용하는 방법에 대하여 기정사실의 가정들로 이루어진다. '상상(imaginary)'이라는 것은 실제가 아니라 무엇이 실제인지 이해하는 방식이다.

Hedley Beare(2006)가 지적했듯이, 코페르니쿠스가 다른 설명을 할 때까지 사람들은 수년 동안 지구가 우주의 중심이라고 생각했다. 행성들이 태양 주위를 회전한다는 그의 제안은 태양계에서 지구가 중심이라는 확고한 믿음에 대한 도전이었다. 그것은 존재에 대한 중세의 생각들에 대한 도전이었고, 또한 그것은 권위에 대한 생각과 사물에 대한 믿음의 방식을 누가 규정하는지를 거스르는 것이었다.

Beare(2006)는 강력한 교육적 상상이 항상 존재해 왔으며, 우리가 현재 운영하고 있는 것은 21세기의 **개별화** 모형이라기보다는 20세기 초기의 **대량생산** 모형에 속하는 것이라고 제시한다. Toffler(1985)가 제시하듯이, 비록 근본적인 변화와 사고 전환을 요구하는 압력들이 있을지라도, 모든 시대마다 사물들이 존재하는 방식에 대한 강력한 유형과 이해방식이 존재한다. 모든 시대의 특정한 패턴들은 경제, 정부, 교육 실행에 있어서 선호되고 복제된다. 다른 상상(imaginary)으로 전환한다는 것은 생각하는 데 있어서 점진적인 사고 전환보다는 패러다임의 변화, 급진적인 사고 전환이 요구된다.

이러한 변화의 유형은 새로운 작업 방식을 확립함으로써 새롭게 출발하거나 과거 실행을 무너뜨리는 것으로 설명된다. 그러한 단절은 새로운 실행이 과거의 것과 거의 관련이 없는 계획된 단절의 시간 동안에 일어난다. 스스로 변화하는 회사들은 가장 적대적인 경쟁에서조차도 살아남는 경향이 있다. 1928년에 설립된 모토로라는 자동차 라디오를 전문으로 한 회사였다. 그 후 주력 업종을 몇 차례 바꾸어 왔고 지금은 모바일 기술을 선도하는 기업 중 하나가 되었다.

David Hargreaves는 그의 연구에서 현재 교육의 세계가 어떻게 이해되고 있는지 나타내기 위하여 '교육적 상상(educational imaginary)'이라는 용어를 사용하고, '새로운 교육적 상상(new educational imaginary)'이 요구된다고 제안한다. 그의 연구는 젊은 사람들이 21세기를 대비할 수 있도록 교육의 실행을 시급히 바꿀 필요가 있다고 제안한다. 또한 Hargreaves는 변화하는 세계의 요구를 충족할 신기술을 가진 새로운 종류의 노동력과 젊은 사람들이 과거에는 상상하지 못했던 일들을 하도록 준비할 필요가 있다는 점을 제시하고 있다.

새로운 노동력

Harriet Hankin의 『새로운 노동력(The New Workforce)』(2005)이란 책은 우리가 현재 알고 이해하고 있는 것처럼 '직업(일)'을 변화시키고 있는 다섯 가지 중요한 경향을 보여 준다. 이 경향들은 미래의 교육을 개념화하고 실현하는 방식에 중요한 영향을 미칠 것이다. 이 다섯 가지 중요한 경향들을 요약하면 다음과 같다.

- 장수 : 사람들은 더 오래 살고 있고 직업이나 관련된 활동들에 더 오래

종사하기를 원한다. 어떻게 이러한 사람들이 학습과 교육에 공헌하도록 활용될 것인가? 만약 그것들이 학교라고 계속 불린다면 활용할지도 모르는 전문지식과 경험의 수준을 형성할 수 있을까?

- 다양한 가구 유형 : 가구의 성격은 상당히 변해 왔다. 핵가족은 더 이상 주된 형태가 아니며, 가족 구성의 이동과 구별은 필연적으로 다른 가족 단위의 유형에 맞는 교육 시스템에 대한 부가적인 요구를 창출할 것이다. 학교가 그러한 사회적 변화에 대한 가능성과 기회를 최대화할 수 있을까?

- 세대차이 : 베이비붐 시대에 태어난 사람들은 점점 나이가 들고 있으며 이와 함께 보험, 의료비용 등의 측면에서 젊은 세대들에 대한 부가적인 요구가 있을 것이다. 2000년 후에 태어난 사람들을 밀레니엄세대(Y세대) 또는 Z세대라고 하는데, 이 두 그룹들은 교육에 대하여 매우 다른 경험, 기대, 요구들을 가질 것이다. 한 세대의 교사들이 Z세대의 요구를 어떻게 충족시켜 줄 것인가?

- 세계화와 다양성 : 이 문제는 이미 책에서 깊이 있게 다루어져 왔다. 세계화된 세계에서 학교들은 쉬지 않는 교육(24/7 education)을 어떻게 제공할 것인가? 페이스북(Facebook) 이용에 대한 최근 분석에서 평균적으로 대부분의 이용자들이 하루에 30회씩 홈페이지를 방문하고 청소년의 대부분은 새벽 2시에 홈페이지를 방문한다는 것을 보여 주었다.

- 노동력을 위한 더 중요한 목적 : 일에 대한 선호도 또한 재정의되고 바뀌고 있다. 재정적 보상이 중요하기는 하지만 직업 만족도 또는 직무를 통한 성취가 이전보다 더 중요하다. 학교는 모든 수준에서 모든 직원들이 그들의 경력을 통하여 동기를 부여받고 성취감을 느낀다는 것을 어떻게 보장할 것인가? 오늘 일하기 시작한 젊은 사람이 38세가 되기 전에 14번

직업을 바꾼다는 추산이 있다. 25세 이하의 대다수 젊은이들은 일자리를 구해도 1년을 채우지 못하며, 미래에는 예전에 생각하지 못했던 직업을 가질 것이다.

이러한 경향은 불가피하게 현재의 조직 형태가 살아남기 쉽지 않다는 것을 의미한다. 그러나 교육 설계에 대한 새로운 모형은 무엇이고 그것들은 어떤 모습일까? 사실 미래의 새로운 교육 모형들은 이미 우리 곁에 존재하고 있다. 그 모형들은 현재 우리의 학교와 학교시스템에 나타나고 있다.

큰 규모의 교육 시스템을 바꾸려는 노력에 있어서, 한 가지 분명한 사실은 큰 규모의 개혁에 대한 우리의 지난 노력들이 경쟁에 초점을 맞추고 학교 내에서 그리고 학교 간에 혁신과 지식창출을 위한 가능성을 제한함으로써 시스템 수준의 변화를 강요하는 경향이 있어 왔다는 것이다. 지금까지 잘 알려진 조치를 우리가 취하기는 했지만, 그것은 빠르게 쇠퇴하고 있는 교육의 단면이기도 하다. 새로운 교육질서는 빠르게 나타나고 있다. 그 방향은 협력하는 학교에 의해 확립되고 네트워크와 네트워크 학습에 의해 가장 잘 특징지어진다.

Fullan(2006:16)은 '전체 시스템을 변화시키는 것은 사람들이 일하는 전체 맥락을 변화시키는 것을 의미한다'고 주장하였는데, 현재의 맥락이 빠르게 변화하고 있는 것은 분명하다. 지난 10년 동안 많은 나라의 교육개혁은 정부 중심의 하향식 전략과 책무성에 대한 지나친 강조로 특징지어 왔다. 약간의 성공은 있었지만 그 전략들은 이제 막바지에 이르렀고 성과는 정체기에 이르렀다. 최근의 정책 방향은 의사결정의 분권화와 개별화라는 중대한 변화를 반영해 오고 있다. Fullan(2004)이 언급했듯이, 정체기를 극복하기 위해서는 현재 진행 중인 방식으로 질 높은 생각과 실행을 만들어 내는 목적을 가지고 다양하게 협력함으로써 도덕적 목적과 집단적 정체성의 세계를 결합하는 것이 필요할 것이다. 따라서 최근의 정책 전환은 특히 영국에서, 학교 간 네트워크를 평가하고 시스템 변화의 중요한 수단으로 네트워크, 연합, 협력의 가능성을 인정하기 시작하고 있다.

협력과 네트워크

협력과 책무성은 현재의 학교와 시스템 수준에서 개선된 교육성과를 추구하는 데 있어서 파트너라고 할 수 있다. 또한 이들은 어울리지 않은 짝이기도 하다. 즉 학교는 경쟁과 협력의 모순된 힘들을 조화시키기 어렵다는 것을 발견할 것이다. 그러나 성과에서 예상한 결과를 실현하는 데 실패해 왔기 때문에 성과관리 능력, 순응, 일치, 표준에 대한 집착은 흔들리기 시작한 것처럼 보인다. 성과의 기준에 대한 정책은 의미가 퇴색되어 가고, 대신 그 자리에 협력과 네트워킹에 기초한 학교 변화의 과정이 나타나고 있다. 이 원리는 시스템 재설계의 핵심이다.

Andy Hargreaves와 Dean Fink(2006)는 '창의력은 전혀 다른 생각을 합하거나 다양한 생각을 연결함으로써 또는 이들 둘 모두에 의해 일어난다'는 점에 주목한다. 이러한 연결은 더 넓은 지역사회로 확대하는 학교 내 그리고 학교 전반에 걸쳐 수평적 역량구축을 뒷받침하는 구조적 재조정을 통해서만 달성될 수 있다. 협력과 네트워크는 광범위한 시스템 수준의 변화를 달성하는 수단들이다.

James Surowiecki(2004)의 저서 『군중의 지혜(The Wisdom of Crowds)』는 집단사고와 문제해결의 힘을 설명하고 있다. 그는 '통합된 개인의 사고'는 우리들에게 보다 직선적으로 사고의 개별적 형태를 사용함으로써 부족할 수 있는 관점과 아이디어들을 제공한다고 제안한다. 요컨대, 문제에 대하여 상상력 있고 창의적인 해결을 위한 가능성은 개인적인 고려보다 **집단적인 숙의**가 있는 경우에 더 일어나기 쉽다는 것이다.

몇몇 집단적 의사결정은 타협보다는 논쟁의 산물이 되기 쉽다. 어떠한 파트너십 또는 네트워크에 대한 테스트는 붕괴되거나 분열되는 것 없이 의견 차이를 이겨내고 조정하기 위한 능력임에 틀림없다. 이러한 유연성은 부분적으로 네트워크 안팎에서 작용하는 질 높은 지원에 의존할 것이다. 또한 네트워크의 사회적 구조 내에서 형성된 신뢰와 전문적인 존중의 정도에 달려 있을 것이다. Hargreaves와 Fink(2006)가 지적하듯이, '만약 네트워크 조직들이 약하다면, 개선된 실행을 가져오는 것이 아니라 중요하지 않은 실행을 지속시킬 것이다.'

교육 변화에 대한 전문용어에서, 협력은 종종 좋거나 긍정적인 변화와 동등하게 다루어진다. 이러한 의견을 지지하는 풍부한 증거가 있지만, 항상 이러한 경우가 있는 것은 아니다. 많은 경우들은 교사들이 실행하는 협력의 유형, 협력의 **목적**, 그리고 그들의 협력 활동을 지원하는 **구조들**에 달려 있다. 네트워킹도 마찬가지이다. 네트워킹은 개선 방정식이 네트워킹이 학교 내에서 그리고 학교 전반에 걸쳐 유발되고, 개발되며, 지원하는 방식으로부터 독립하는 방식에 달려 있는 것과 같다. 이는 기정사실이 아니다.

네트워크에 관한 대중적인 담론의 어두운 그림자와 휴식 속에 잠복된 것은 학교 간 특정 형태의 협력이 비생산적일 수 있는 실제의 가능성이다. 여분의 자원을 위해 단순히 형성된 **부자연스러운** 네트워크가 있고, 이 자원들은 다음에 또 다른 더 이익이 되는 기회가 나타났을 때 사라진다. 강력한 개인적 관계가 그들의 활동을 지시하고 제한하기 때문에 무기력에 대한 증거 표시를 보여 주는 우호 집단 또는 존재하는 파트너십에 근거한 **자연스러운 네트워크**가 있다. 정말로 거의 일어나기 어려운 사실을 감추기 위하여 협력하는 **공모 네트워크**가 있다.

Huxham과 Vangen(2006)은 특정한 형태의 협력 행위들로부터 나타난 성과가 대수롭지 않거나 존재하지 않는다는 '협력적 무기력(collaborative inertia)'에 대하여 논의하였다. 그들은 또한 속임수와 정치적 활동이 공유한 의사결정을 대신한다는 '협력적 폭력행위(collaborative thuggery)'에 대하여 논의하였다. 의심할 여지없이 전문가 학습공동체로 가장하고 그 결과로 자원과 환호 모두를 받는 그러한 네트워크는 존재한다. 피상적으로 이러한 네트워크는 다른 네트워크처럼 보이지만 좀 더 정밀하게 조사하면 실체가 없는 구조적 껍데기를 드러낼 것이다.

『네트워크 사회의 출현(The Rise of the Network Society)』에서 Manuel Castells(1996)는 주어진 네트워크의 성과가 네트워크의 두 가지 근본적인 특성에 달려 있을 것이라고 지적한다. 첫째는 '네트워크의 구성요소 사이에 소리 없는 대화를 촉진하는 구조적 능력인 네트워크의 연결이며, 둘째는 네트워크의 목적과 구성요소의 목적 사이의 관심을 공유하는 정도인 네트워크의 일관성이다. 비효과적인 네트워크의 경우에는 적절하게 작용하기 위한 연계성이나 일관성도 가지고 있지 않다. 그러한 네트워크는 지식을 축적하고, 혁신을 제한하고, 전문지식을 위하여 다른 담보를 가질 수 있다. Wenger(1998)는 대부분 공동체의 무질서에는 세 가지 일반적이 유형이 있다고 제시한다.

- 신뢰 부족 때문에 기능을 제대로 못한다.
- 초기 단계에서 명백한 성과에 대한 초점이 없다.

- 지식 전달 및 문제해결의 협력적 형태를 위한 메커니즘을 설치하는 데 실패한다.

한편 의미 있는 네트워크는 공유한 목적, 명확한 의사소통 방법, 내부 단결, 상호신뢰에 명확하게 근거한다. 학습공동체와 같은 네트워크 작용은 학교가 개별적인 것보다 함께 더 잘 배울 수 있는 중요한 표현방식일 수 있다. 그러한 네트워크는 학교가 개별적인 것보다 함께 더 잘 학습한다는 중요한 표현방식일지도 모르는 학습공동체로서 기능한다. 본질적으로 총합은 부분의 합보다 크다.

　학교의 네트워크가 광범위한 시스템으로부터 분리되어 존재하지 않는다는 것은 확실하다. 그러므로 학교 네트워크의 효과성은 내부 발전의 문제뿐만 아니라 어떻게 학교 네트워크가 다른 공동체와 구성원들과 관계를 맺을 것인가에 대한 문제이기도 하다. 연합, 파트너십, 네트워크 형태를 가지고 있는 관련된 학교들은 많은 그룹핑을 포함하고 많은 한계를 넘는 공동체의 모임을 의미한다. 네트워크의 힘은 폭넓은 시스템 전반에 걸쳐 이루어진 상호연계를 통하여 두드러지게 강화된다. 네트워크가 나타내는 리더십의 형태는 궁극적으로 분산된다.

학교 네트워크의 중요성

네트워크 또는 네트워킹은 새로운 현상이 아니다. 네트워크는 학교와 시스템 수준에서의 공식적 · 비공식적 수준에서 항상 존재해 왔다. 네트워크는 더 전통적이고 수직적으로 구성된 조직의 성과를 능가할 가능성을 가지고 있으며, 융통성과 적응성은 성공의 중요한 구성요소라고 논의된다 (Castells, 1996).

학교 간 네트워크의 확립은 Nonaka와 Takeuchi(1995)의 '지식창출 (knowledge creation)' 개념과 동일하다(제8장 참조). 이것은 새로운 개념, 연구 발전 및 적용이 단지 공식적인 R&D(연구개발) 활동의 경계 내에서가 아니라 어느 분야에서나 일어난다는 생각을 전제로 한다. 실무자들이 새로운 개념을 주도하고 보급하는 한, 그들은 '혁신을 자극하고 계획하며 정당성을 입증하고 보급'하는 데 중심에 있다고 주장해 왔다(Bentley and Gillinson, 2007:4). Chesbrough(2003)가 주장하듯이, '그것은 어디에서 비롯되든 혁신의 가장 효과적인 재원을 이용하는 것에 관한 것이다. 이것은 단지 개념에 관한 것이 아니라 실천에 관한 것이다.' 그의 열린 혁신 모형에서 사용자들은 서비스를 만드는 것과 관련되고 지식창출에 적극적인 참여자이다.

어떤 원리들은 이러한 학교 간 상호작용의 핵심에 있는 것을 필요로 한다.

- **지리적 분산** : 참여자들은 지리적으로 분산되기 쉽다. 그러므로 시스템은 개인 구성원들의 선호와 학습 방법의 편의를 도모하기 위해 상호작용에 대한 다양한 방식들을 지원해야만 한다.
- **목적, 임무, 비전, 가치** : 공동체의 목적, 임무, 비전 및 가치에 대하여 명확하고 일관된 이해를 발전시키기 위하여 기반은 공동체 구성원, 외부 기여자, 중재자 간의 상호작용을 용이하게 해 주어야 한다.
- **참여자 바꾸기** : 공동체 구성원, 외부 기여자 및 촉진자는 시간이 지남에 따라 바꾸어야 한다. 즉 새로운 구성원이 조직 내로 들어오게 될 것이고 기존의 참여자들은 떠날 것이다. 이러한 목적은 익숙한 것에 대

한 연속적인 전환을 피하고자 하는 것이다.

- **과제** : 일단 공동체가 목적, 임무, 비전 및 가치를 수립하고 문서화해 왔다면 도전을 위한 기제가 생겼음이 틀림없다.
- **개인 발전** : 조직의 기반은 개인들이 노력에 기여할 역량을 평가하고 개인적 발전을 위한 기초를 제공하는 것을 가능하게 해야 한다. 이것은 개인들이 지식의 지지기반(leveragable body of knowledge)의 발달을 지원하기 위해 그들의 역량을 발전시키는 것을 가능하게 할 것이다.
- **피드백** : 지식의 지지기반과 상호작용하는 공동체 구성원들은 피드백을 제공할 수 있어야 하며, 피드백 메커니즘은 조직의 기반에 의해 지원되어야 한다.
- **투자에 대한 보상** : 촉진자와 외부 기여자는 지속적으로 조직의 구조를 지원하는 것에 대한 투자에 대해 지각된 보상을 생각할 수 있어야 한다. 이것은 변화가 투자에 대한 보상과 시스템과의 촉진자 및 외부 기여자들과의 상호작용을 조정하기에 적절한지 아닌지 결정하기 위한 근거를 제공한다.

Wenger(1998)는 효과적인 변화 과정이 의식적으로 의미교섭을 촉진한다고 제시한다. 이 모형에서 교섭은 두 가지 상호 연관된 구성요소로 구성되어 있다.

> 만약 우리가 조직에서 사람들이 제도화된 과정에 의해 완전히 포착될 수 없는 실행에 독창적으로 참여함으로써 조직 목표에 공헌한다고 믿는다면… 우리는 공동체 구축의 작용을 평가하고 참여자들이 조치를 취하고 사고의 깊이와 연계되는 의사결정을 하기 위해 그들이 학습할 필요가 있

다는 것을 배우는 데 필요한 자원들에 접근하는 것을 보장해 주어야 할 것이다(Wenger 1998:10).

가장 효과적인 학교 간 네트워크는 공통으로 공유되고 확실한 목표 설정에 맞추어 개인들을 조정하는 것이다. 학교 간 네트워크는 또한 학교에서 학습의 질에 직접적인 영향을 주는 새로운 지식들을 만들어 내고 창조할 수 있다. 중요한 점은 **개별화된** 학습이기 때문에 교육을 통한 혜택이 항상 협력이나 네트워크화된 활동의 중심에 자리 잡고 있다는 것이다. 공동구축은 궁극적으로 학교 간 네트워크가 협력하고 공유하고 새로운 지식을 만들어 내는 방식을 정의하고 형성한다.

Hargreaves(2003:9)는 '네트워크가 어떠한 구성원이 도출해 낼 수 있는 아이디어의 범위를 증가시키고, 거대한 잠재적인 혜택을 가진 공동체의 실행을 확대하고 증가시킨다'고 제시한다. 학교 네트워크는 지식창출을 위한 공간을 제공하며, 이는 수업 과정에 긍정적인 영향을 준다는 새로운 연구결과들이 나오고 있다. 그러나 우리는 학교 네트워크의 본질, 과정, 영향에 대하여 훨씬 더 알 필요가 있다. 만약 네트워크가 장기간 지속 가능하다면, 우리는 네트워크의 규모가 확대될 수 있는지 없는지, 네트워크가 서로 연결되는지 아닌지, 그리고 어떻게 거시 공동체의 실행과 같은 효과가 시스템에 나타나는지 살펴볼 필요가 있다.

분산적 리더십과 네트워크

미래의 교육 시스템은 의심할 여지없이 학교의 **새로운 파트너십과 네트워크**

를 통하여 형성된다. 또한 학교 내에서 그리고 학교 전반에 걸쳐 폭넓게 분산된 리더십을 발휘하는 학교가 미래의 교육 시스템을 이끌게 될 것이다. 새로운 리더십에는 네 가지 조건들이 요구되며 다음과 같다.

- 구조적 · 문화적 · 정치적 장벽을 뛰어넘을 필요가 있다.
- 학교, 공동체, 시스템 내에서 역량을 구축할 필요가 있다.
- 사회적 자본[1]을 만들어 낼 필요가 있다.
- 시스템 자체 개선을 통하여 성과를 지속시킬 필요가 있다.

집단적으로 이 네 가지 필요조건들은 학교들과 리더들에게 상당한 과제를 제시해 주는 것이다. 다시 말해서 이 조건들은 무엇이 리더십을 구성하고 누가 이끌 것인가에 대한 진지한 생각을 요구하며, 더 중요한 것은 이 조건들이 현대의 리더십 문제들에 대하여 관례적인 리더십 문제해결에 의문을 갖게 한다.

Hutchins(1995)는 개인의 상호의존을 강조하면서 어떻게 인간의 활동이 복잡한 시스템 전반에 걸쳐 폭넓게 분산되는지 설명한다. 또한 '수평적 단체'의 힘, 즉 수직 방향뿐만 아니라 수평으로 나타나는 변화와 학습을 위한 가능성을 강조한다.

> 팀이 시스템 어디서든 전체적인 각본이나 계획 없이 적절한 순서로 행동을 조직하는 것은 가능하다. 각 팀의 구성원은 특정한 조건이 나타날 때 해야 할 일들을 알 필요가 있다.

---

1) 예를 들어 신뢰와 같은 요소가 사회적 자본이다.

분산적 리더십은 리더십 실행이 확대된 그룹의 구성과 팀 내에서 공유되고 실현된다는 것을 나타낸다. 즉 일부 그룹의 구성은 공식적으로 되는 반면 다른 그룹의 구성은 비공식적으로 되며 어떤 경우에는 임의로 형성될 것이다. 네트워크 내에서 분산적 리더십은 한 수준에서 선도 학습자, 탐구 옹호자, 소규모 부서의 리더 및 프로그램 리더와 같은 새로운 리더십 역할을 구축함으로써 달성될 수 있다.

> 하트풀의 한 학교는 '학습 장벽'에 대한 폭넓은 네트워크 평가에서 나타난 문제들을 조사하기 위해 협력적 탐구 그룹을 형성하도록 지원하는 교사들을 초빙하였다. 교사 집단들은 학교 내 그리고 학교 전반에 걸쳐서 공유할 전문지식을 개발하고 전문가의 생활 측면을 함께 탐구하는 데 필요한 시간과 공간을 제공받았다.

분산적 리더십의 핵심적인 특징들 중 하나는 리더들을 위해 상호 학습을 위한 공간을 만들어 간다는 것이다.

> Pendle Small Schools Learning Community에서는 읽기와 쓰기에 어려움이 있는 학생들을 도와주는 보조교사들이 폭넓은 네트워크 수준에서 난독증 친화 학교 프로그램을 이끄는 것뿐만 아니라 프로젝트를 공유하고 논의하고 발전시키는 데 있어서 전문가들이 되었다.

분산적 리더십은 본질적으로 네트워크 전반에 걸쳐 학습을 분산시키기 위해 기회와 공간을 제공하는 것을 의미한다.

> 교사들은 학기말의 '학습포럼'에서 모인다. 이것은 방과 후에 열리며 자

발적으로 참여하고 학교 직원의 절반까지 참석하게 된다. 이것은 직원들이 그들의 실행 연구로부터 배운 것을 공유하는 자리이다. Prudhoe에서 학습포럼은 사립학교 내에서 학교 간 네트워크 전반에 걸쳐 반복된다. 학교가 가졌던 성공담과 학교가 겪은 어려움 그리고 도와줄 다른 사람을 초청하여 공유하는 장소이고, 새롭게 나타나는 질문들에 답하도록 시작하는 장소이다. 그것은 바로 분산적 리더십이 실행되는 장소일 것이다.

학교 간 네트워크는 학교가 새로운 생각들을 연결하고 공유하고 조정하며 채택하는 것을 가능하게 만드는 효과적인 혁신 시스템을 갖추도록 한다는 증거가 있다. 학교 간 네트워크는 지식에 대한 영향력과 혁신에 대한 가속도를 위한 강력한 발판이다. 만약 학교 네트워크의 기반이 새로운 지식을 창조하고 확대하는 목적을 달성한다면, 이러한 '지식기반체제'는 잠재적으로 중요하다. Nonaka와 Takeuchi(1995)는 지식 확대의 과정을 이끄는 두 가지 원동력을 제시하였다.

- 암묵적 지식에서 명시적 지식으로 바꾸는 것
- 지식을 개인 수준에서 그룹, 조직, 상호 조직 수준으로 이동하는 것

후자는 학교 네트워크의 실행 내에서 매우 가시적인 지식기반체제의 형태를 필요로 한다. 이 지식 기반체제은 시스템의 모든 참여자들을 통하여 공동체에 활용 가능한 모든 지식이다. 획득한 지식, 지식기반을 위한 보고는 지속되는 개발과 발전을 지지하는 피드백을 제공해야만 한다. 또한 시스템 내에서 각 참여자들로부터 그 다음의 상호작용의 유형들을 지원해야 한다.

분산적 리더십은 의사결정, 의사소통, 방향이 학교 네트워크 내 및 전반

에 걸쳐 제공되는 것을 의미한다. 리더십이 수평적으로 분산되고 공유될 때 복잡한 시스템에서 가장 효과적이라는 것을 보여 주는데, 이것은 분산적 리더십 실행이 지식전달과 지식창출의 수단이라는 것을 나타내는 것이다. 그러나 분산적 리더십은 어떤 모습인가? 다음 제7장, 제8장에서 실제 분산적 리더십의 다른 형태들을 알아보고자 한다.

제 **07** 장

학교 내에서의
분산적 리더십 실행

제 **07** 장

학교 내에서의 분산적 리더십 실행

조직을 이끌어 가는 간단한 방법은 스트레스를 덜 받고 노력을 덜 기울이는 것이다(Wheatley, 1999).

도입

교육개혁은 학교와 학교시스템들에서 수많은 개선 요소들이 적절하게 작용할 때 일어난다. 교육개혁의 구체적인 과정은 맥락에 따라서 다르게 보일지는 모르지만 본질적으로 그 주요 요인들은 동일하다. 비록 교육개혁이 학교 개선에 기여하였고 많은 경우에 적절하게 수행되었다고 보였을지라도 많은 교육개혁들은 한계가 많았고 지속적으로 학교를 개선하는 데 실패하였다(McKinsey, 2007).

앞서 강조했던 바와 같이 그 중요한 이유는 변화의 주요한 수단으로 처방과 외부의 책무성을 과도하게 강조해 왔기 때문이다. 또 다른 이유는 오늘날의 학교가 조직되어 있는 방식에서 찾을 수 있다. 구조적 저항은 폭넓고 근본적인 학교 개선에 대한 상당한 장애요인이 될 수 있다. 의도적이든 구조적인 문제로 인한 것이든 현재의 학교기반은 장기적인 변화를 성취하는 데 있어서 큰 걸림돌이 되고 있다는 것이 드러나고 있다.

필연적으로 학교시스템을 개선하기 위해서 근본적인 변화가 요구되는 때이다. Fullan 등(2007:13)은 '교착상태에 빠진 제도'를 언급하면서 모든 학생의 잠재력을 실현하도록 현행 학교시스템이 근본적으로 변화될 필요가 있음을 역설하였다. Michael Barber는 그의 저서 『Instruction to Deliver』에서 '더 이상 어떤 목적을 성취할 수 없는 제도에 집착하는 것은 무의미하다'고 하였다. 이에 덧붙여서 '개혁이 열쇠다'(Barber, 2007: 193)라고 강조하였다. 이러한 주장이 사실이기는 하지만, 개혁 과정의 본질과 초점이 중요하다. 제도 개혁은 교육제도 내 전 구성원들이 그 변화에 동의하여 시스템을 재설계하는 데 적극적으로 동참할 때만 가능하다(Hargreaves, 2007). 학교시스템 개선은 모든 학습자들의 삶의 기회와 그들의 학습을 개선하는 데 진정으로 관심을 기울이는 경우에만 바람직하다.

하향식 학교 개혁의 한계는 현재 잘 알려져 있고, 연구결과를 통해 매우 적나라하게 보고되어 왔다(McKinsey, 2007). 그렇다면 무엇이 미래의 개혁을 위한 촉매제이고 그것들이 얼마나 학습 개선과 삶의 기회를 보장할 것이라고 확신하고 있는가? Zuboff와 Maxim(2002:12)은 현행 학교조직 구조가 확대되고 채택되고 적응할 수 있지만 이는 현재까지만 가능했다고 주장한다. 이들은 현 조직의 실행이 새롭고 다음 단계의 실행으로 도약하기 위해서 학교조직은 다음과 같은 점을 추구해야 한다고 역설한다.

조직은 개별 공간을 통해 진로를 정하고 그 공간에서 자신들의 주장을 펼칠 수 있도록 하기 위해서 구명보트를 풀어놓아야 한다. 구명보트에 타고 있는 사람들이 그들이 항해할 항로, 즉 그들이 나아가고자 하는 개별 공간 내의 개인들과 함께 중대한 상호의존을 설계하는 방식과 수단을 규정해 나갈 것이다. 선원에게는 폭넓은 비전이 필요로 할 것이다.

여기서 핵심적인 아이디어는 지속적인 교육변화는 조직구조 내 근본적인 변화 없이는 일어나지는 않는다는 점이다. 이는 현 시스템이 거의 중요하지 않다거나 혹은 시급히 바뀌어야 할 필요가 있음을 뜻하는 것이 아니라 단지 현행 학교의 구조가 현대의 교육적 요구와 목적에 부합하는가를 묻는 것에 불과하다.

하지만 조직구조를 바꾸는 것만으로는 시스템의 변화를 가져올 수 없을 것이다. 문화변화에 대한 고려 없이 조직구조를 재구조화하는 것만으로는 학교 개선을 보장하지 못할 것이다. 문화와 실행의 변화를 수반하지 않고 조직구조를 변화시키는 것은 표면적이고 피상적인 개선의 결과와 더불어 산만하고 소모적인 '변화에 따른 혼란 수습에만 몰두하게 되는 반복적인 변화 신드롬(repetitive change syndrome)'의 결과를 가져오게 될 것이다. 이와 관련하여 Abrahamson(2004)은 다음과 같이 주장한다.

변화의 조류이동(tidal shifts of change)은 거의 모든 경우에 고통을 주고 있을 뿐만 아니라… 또한 외부적으로 이러한 변화의 수혜자가 되어야 할 소비자들에게 초점을 맞추기보다는 내부적으로 변화 관리에 초점을 맞춘 형태를 만들고 관례적인 운영과 충돌하기도 한다(Abrahamson, 2004:2-3).

학습을 개선하려는 실제적이고 명확한 초점이 없다면 소중한 시간, 자원, 지식들이 재구조화로 인해 낭비될 것이 분명하다. 실행에 있어서 근본적인 변화는 구조적 형태의 변화 없이는 일어나지 않을 것이다. 현재의 학교 조직구조는 새로운 것으로 대체되고 제거되어야 한다는 것을 깨닫는 것이 정말로 중요하다. '창조적 파괴'는 급진적인 혁신을 수반하는 변화의 과정으로 묘사된다(Schumpeter, 1942). 과거의 업무방식을 창조적으로 파괴하는 것은 거의 항상 필요하거나 바람직하지는 않지만, 그렇다고 무의식적으로 무시되어서도 안 된다. 혁신적인 변화는 '사고와 표현에 대한 습관적인 방식으로부터 탈출하려는 투쟁'인 것이다'(Keynes, 1936). 혁신적인 변화에 있어서 필연적으로 과거의 업무방식과의 단절이 필요하다.

단지 과거의 운영방식에서 탈피하여 조직이 제대로 운영되는 경우가 있지만, 한편으로는 '창조적 재조합' — 예를 들어 현존하는 제도적 요소들을 재배치하고 재조합함으로써 시스템을 새로운 형태로 변화시키는 것 — 의 학교조직이 최적의 방식으로 운영되지 않는 경우도 있다 (Abrahamson, 2004). 여기서 직면하는 과제는 조직의 어떤 측면이 변화를 필요로 하는 것인가를 정확히 파악하고, 체계적이고 의도적으로 조직구조를 재조정하고 재구성하며 재배치하는 것이다. 이를 통하여 조직구조는 보다 효과적이게 되는데, 이를 학교에 적용해 보면 조직구조가 학습을 지원할 수 있게 된다는 것을 의미한다. 무조건 선례들을 무시해 버리기보다는 이러한 선례들을 바탕으로 하여 학교 구조를 해체하거나 현재 업무방식을 성공적으로 재정의하고 재설계한 학교들이 학습결과를 개선하는 궁극적 목적을 달성해 왔다.

그렇다면 이러한 내용들이 분산적 리더십과 어떠한 관계가 있는가? 이 책의 나머지 부분들은 분산적 리더십이 구조적이고 문화적인 변화를 포함한다는 사실을 논의할 것이다. 즉 학교가 리더십 활동을 확대하고 심화시키는 주요한 목적을 가지고 계획적으로 조직구조를 재구조화하는 것은 학교문화에 긍정적인 효과를 주며, 이에 따라 학생들의 학습에 영향을 준다는 것이다. 학교 구조의 변화 없이 분산적 리더십이 실행될 수 있기는 하지만, 학습을 지원하는 방식에 있어서도 변화가 일어날 것인지는 의문이다. 광범위하고 근본적인 형태의 리더십 실행 없이(제9장 참조) 전문가 학습공동체가 구축될 가능성은 훨씬 더 요원해 보인다.

이 장에서 살펴볼 사례연구들이 보여 주는 것처럼 조직 내에서 광범위하게 확산된 리더십(broad-based leadership)을 활성화하는 구조적인 변화는 강한 내부의 책무성 과정과 함께 높은 수준의 신뢰가 수반되어야 한다. 조직은 의사결정과 연관된 책무성 없이 책임을 분산하는 것만으로는 효과적일 수 없고 역효과를 양산할 수도 있다.

또한 이 장에서 살펴볼 사례들은 효과적인 분산적 리더십 실행에 있어서 어떠한 단일의 청사진 또는 모형이 있을 수 없다는 점을 보여 준다. Spillane과 Diamond(2007:150)가 지적하고 있는 것처럼, 분산적 리더십은 '처방'도 아니고 '5단계 계획(five-point plan)'처럼 정해진 계획과 일정에 따르는 리더십 이론도 아니다. 이러한 주장이 분명히 사실이기는 하지만, 사례연구들은 학교에서 분산적 리더십의 공통된 성격과 특징이 있다는 점을 보여 주고 있다. 구조적인 변화가 학교 간의 공통분모일지는 모르지만 분산적 리더십 실행의 본질은 실로 다양하다. 즉 분산적 리더십은 획일성보다는 오히려 다양성을 기본으로 한다.

이 장은 학교가 리더십을 보다 광범위하게 분산하기 위해 학교들이 재구조화해 온 방식들에 대한 실례들을 보여 준다. 이를 위해 분산적 리더십 실행의 상이한 형태들과 조직구조의 변화, 문화, 조직결과 사이의 관계에 초점을 맞추어 살펴보고자 한다. 본격적으로 분산적 리더십 실행의 사례를 살펴보기에 앞서서, 우선 영국의 조직 재설계에 대한 광범위한 맥락과 상황을 이해하는 것이 중요하다. 왜냐하면 이러한 맥락적이고 상황적인 요소가 많은 학교의 재구조화를 이루는 데 매우 큰 영향을 주어왔기 때문이다.

조직 재설계와 교직개혁

영국에서 학교는 책무성의 요구와 더불어 학업표준 신장 방안에 의해 벼랑 끝으로 몰리고 있다. 학교가 외부의 압력과 요구를 전적으로 수용하는 지는 않았을지라도 이러한 외부변화에 순응해 왔다는 것은 명백해졌다. 이런 점에서 교직 내 업무량과 일과 삶의 균형에 대한 쟁점들을 시급히 다룰 필요가 있었다. 이러한 문제를 다루면서 영국 정부는 학교제도와 학교를 더욱더 벼랑 끝으로 내 몰거나 학교 구조와 업무 실행을 긴급히 개혁하는 두 가지 안 중 한 가지를 선택해야 할 상황에 직면하게 되었다.

2000년에 수행된 정부수탁 연구는 아래와 같은 점들을 연구결과로 제시했다.

- 교사들이 교직을 떠나는 주요한 이유는 업무량이었다.
- 교사들은 주간업무 중 30%를 넘는 시간을 교육 외 활동에 할애해 왔다.
- 교사들은 일반적으로 일과 삶의 균형에 있어서 취약했다.
- 5명의 신규교사 중 1명은 4년차가 되기 전 교직을 그만두고 있다.
- 교사들만큼 숙련된 많은 인력들이 있지만 교사들만큼 일하는 직업은 없다.

이러한 요소들이 교직에 남아 있는 교사들에게 불리한 영향을 주었을 뿐만 아니라 그 결과로 학생들의 학습에 불가피한 피해를 끼쳤다는 것이다. 영국 정부는 교사들의 근무 조건을 바꾸지 않는다면 교사의 45%가 15년 이내에 퇴직할 것이기 때문에 문제는 악화될 것이라는 점을 깨닫게 되었다.

2002년 10월 교육기술부(Department for Education and Skills : DfES)는 교사와 교장에 대한 추가 시간을 설정하고 교육표준을 신장하기 위한 '교직개혁을 위한 표준 시간(Time for standards: reforming the school workforce)'이라는 보고서를 작성하였다(DfES, 2002). 2003년 1월에는 정부, 고용주, 그리고 NUT를 제외한 노동조합들이 성과증대와 업무량 경감을 위한 범국가적 협약(Raising Standards and Tackling Workload: a National Agreement)의 원칙에 합의하였다(DfES, 2003). 이러한 협약으로 교사들의 업무량과 성과증진을 위한 3개년 7단계 계획이 착수되었다.

2004년에는 아동법과 '아동 인권 운동 : 아동을 위한 변화(Every Child Matters: Change for Children)'라는 제하의 보고서(DfES, 2004)가 아동기의 교육복지와 이후의 삶 간의 중요한 관계를 담았다. 2005년 6월에는 확대된 학교에 대한 보고서가 2010년까지 아이들과 가족들 그리고 지역사회의 요구를 충족하도록 수업이 있는 날이든 없는 날이든 학교에 접근할 수 있도록 하는 서비스의 핵심적인 안들을 제시하면서 출판되었다 (DfES, 2005).

교사업무량에 대한 영국 정부의 분석내용은 교사들이 빈번하게 수행하는 교수-학습과 직접적으로 관련되지 않는 24가지 업무가 있음을 확인하였다. 2003년 9월 이후부터 교사들은 교수-학습과 직접 관련 없는 이러한 업무들을 수행하지 않게 되었다. 2004년 9월부터는 교사에게 부과될 수 있는 결손보충(absence cover)의 양에 대한 제한이 설정되었고, 2005년부터는 교사들이 시험 감독을 하지 않아도 되었다. 이러한 '계획 · 준비 · 평가 시간'(Planning Preparation and Assessment time : PPA)은 대략 강의시간의 10%에 해당한다.

> '계획 · 준비 · 평가 시간(PPA)'을 보장하는 목적은 교사들이 개별 또는 협동적인 전문 활동을 통해 교육표준을 올릴 수 있도록 하려는 데 있다. PPA에 관한 계약변경은 교사들의 업무와 삶 간의 균형을 개선하기 위한 일환이기도 하다.

'교직개편(Workforce Remodelling)'은 두 가지 이유로 중요하게 다루어져 왔다. 첫째는 교직개편이 학교가 이전에는 예상하기 불가능할 것으로 여긴 주요한 구조적 변화를 수행할 수 있도록 장려하기 때문이고, 둘째는 리더십에 대한 대안적 접근을 가능하게 하기 때문이다. 학교는 리더십 실행, 특히 리더십을 어떻게 학습 및 교수과정과 보다 밀접하게 일치할 수 있는지에 관해 생각해 볼 수 있도록 재구조화할 수 있는 여지를 가지게 되었다.

영국 교육기준청인 OfSTED(2007:6) 보고서에서 '교직개편은 많은 학교에 명확한 혜택을 가지고 교직문화에 있어서 혁명적인 변화를 가져왔다'고 하면서, 아울러 폭넓은 교직인력의 확대와 그 역할의 폭 및 다양성 증진이 학교 내 모든 수준에서 업무 실행의 변화를 선도해 왔다고 분석했다.

학교에서 교수-학습과 관련된 모든 활동을 수행하기에 가장 적절하게 배치되었다고 생각하는 타성에 젖은 사고방식(habitual mode)은 사라졌다. 교장 또는 수석리더십팀만이 리더십을 수행한다는 생각도 거의 사라졌다. 많은 학교에서 행정 직원, 학부모, 학생과 다른 전문가들이 지금도 폭넓게 리더십 책임을 수행하고 있다.

영국에서 '교직개혁'은 학교가 리더십 구조를 재설계할 수 있는 중요한 기회를 제공했다는 점은 분명하다. 변화의 결과들은 학교를 근본적으로 재설계한 것에서부터 주변부의 미세한 부분까지 걸쳐 있다. 어떤 학교에서는 교직개혁이 리더십 역할과 책임을 확대할 기회를 주었고, 어떤 학교에서는 이미 실행해 오던 리더십을 통합하고 합의할 수 있도록 하는 데 기여하였다.

분산적 리더십의 실제

다음의 사례들은 몇몇 학교들이 교수학습을 개선하려는 주요 목적을 가지고 자신들의 리더십 구조를 재정의 · 재배치하고 수정한 방법들을 보여 준다. 또한 이러한 사례들은 학교가 어떻게 계획적으로 리더십 책임의 새로운 유형을 만들어 왔는지, 수업실행의 변화를 지원해 줄 리더십의 새로운 자원들을 어떻게 제공했는지에 관해 설명해 준다. 아울러 이들 사례들은 학교별로 학교가 리더십 활동을 확대하기 위해 재구조화한 각기 다른 방식들을 통찰할 수 있도록 해 준다.

사례들을 통하여 분산적 리더십에 관하여 나타나는 몇 가지 공통된 원리들을 발견할 수 있다.

- 광범위한 리더십이다.
- 의사결정에서 다양한 수준의 참여가 요구된다.
- 주로 교실에서의 실행 또는 수업개선에 초점을 맞추고 있다.

- 공식적 · 비공식적인 지도자를 모두 포함한다.
- 수직적 · 수평적인 리더십 구조와 관련된다.
- 학생들에게까지 확대되는 리더십이고 학생들의 의사표현을 장려한다.
- 영구적으로 지속하는 집단이 없기 때문에 리더십 구조가 탄력적이며 변화기가 쉽다.
- 유동적이며 호환적이다.
- 궁극적으로 교수학습에 영향을 주기위한 리더십 실행의 개선에 관심을 둔다.

Spillane(2006)의 용어를 빌리자면, 리더십의 분산적 관점은 리더십이 다수의 지도자들의 일에 걸쳐 있음을 의미한다. 이러한 관점을 취하면서, Spillane과 Diamond(2007)는 '공동으로 이끄는(co-leading)' 리더십 유형을 다음과 같이 세 가지로 분류한다. 첫 번째 유형은 '협동적 분산(collaborated distribution)'으로서 특정 시점과 공간에서 다수의 지도자들이 공동으로 업무를 수행하는 유형이다. 예를 들면 SLT 미팅(역자주 : 수석리더십팀 회의, Senior Leadership Team 회의), 부서의 기획회의 또는 학습멘토 회의가 이러한 유형에 속한다. 분산적 리더십의 두 번째 유형은 지도자들이 개별적으로 업무를 수행하지만 상호 의존하는 '집단적 분산(collective distribution)'이다. 예를 들면, 학습평가는 학교 전체의 우선적 활동이지만 교직원들에 의해 개별적으로 수행된다. 그러나 그들의 일들은 상호의존적이다.

분산적 리더십의 세 번째 유형은 Spillane과 Diamond(2007)가 강조한 조정적 분산(coordinated distribution)이다. 이 유형은 연속적으로 수행되는 정례화된 활동을 의미한다. 예를 들면, 조직에서 다양한 수준에 있는 지도자들은 개별 아동과 각 학년에 대한 학습 진행을 보여 주는 데이터 (progress data)에 접근하게 될 것이다. 이러한 지도자들은 아동들을 지도하고 집중적인 참여를 하며, 목표에 대한 학습 진행을 보기 위한 다양한 방식으로 데이터를 활용할 것이다. 그러나 이러한 핵심적인 학생 관련 데이터와 그 활용은 사용자별로 조정될 것이고 때때로 데이터의 해석은 한 가지 목적 이상으로 활용될 것이다. Spillane과 Diamond(2007)가 제시하는 데이터의 해석과 분석 그리고 데이터 공유에 대한 일련의 정례화된 **활동과 실행**이 분산적 리더십 실행을 구성하는 일련의 정례화된 활동이다.

여기서 핵심이 되는 주장은 다수의 **지도자들**이 개별 지도자들이 가지고 있거나 알고 있는 것을 능가하는 전문적 기술이나 지식을 가지고 있다는 것이다. 즉 부분의 합이 전체보다 크다는 것이다. 따라서 그들의 주된 주장은 집단 또는 집합적 상호작용들이 개별 행위가 아닌 **리더십** 실행으로 간주된다는 점이다. 또한 Spillane과 Diamond(2007)는 이러한 집단의 상호작용은 반드시 조화롭거나 우호적일 필요가 없다는 점을 강조하고 있다.

> 학교의 지도자들은 정례화된 활동 및 과업과 관련된 리더십의 공동 실행을 위해 상호 우호적이거나 견해가 완전히 일치될 필요는 없다. 리더십은 학교 지도자들이 동일한 목적을 추구하지 않더라도 그들에 걸쳐 있는 것이다. 지도자들이 상호 견해가 일치하지 않을 때도 그들은 여전히 정례화된 활동을 집합적으로 수행한다. 둘 혹은 그 이상의 지도자들이 동일하거나 다른 혹은 반대되는 목적을 추구하고 있는지는 단지 분석의 다른 차원에 불과하다(Spillane and Diamond, 2007:31).

이 책에서 논의하고 있는 분산적 리더십에 대한 아이디어의 중요한 출발점은 Spillane과 Diamond(2007)가 제시하고 있는 관점과의 차별에서 비롯된다. Spillane과 Diamond(2007)는 리더십 기능들이 수업실행에 주로 영향을 미치는 것으로 보았다. 그들의 관심은 그들이 고안한 분산적 리더십 모형을 개괄하는 도구, 정례화된 활동, 상황의 핵심적인 측면을 분석하고 서술하는 데 있다. 그들이 제시한 예들은 리더십 실행이 핵심적인 조직의 정례화된 활동과 도구들을 어떻게 형성하고 이러한 요소들이 어떻게 리더십 실행을 형성하는 것인지에 관한 것이다.

이 책에서 제시하는 사례들은 학교들이 교수-학습에 긍정적으로 영향을 미치도록 리더십 역할을 어떻게 재구조화했고, 리더십 실행을 어떤 방식으로 재정의했는지에 대한 통찰을 제공한다. 사례들이 강조하고 있는 점은 학교 내 및 학교 간 공식적·비공식적 리더십 역할의 상이한 유형 또는 형태에 대한 신중한 설계와 구성과 관련한 것이다. 이 책이 이러한 사례들을 제시하는 주요한 목적은 리더십의 분산적 접근에 대한 종전과 다른 접근 방식을 설명하기 위함이며 아울러 구체적인 증거의 활용을 통해 리더십 분산의 차이가 조직결과와 학생들의 학습결과로 이어져야 한다는 점을 강조하기 위해서이다.

분산적 리더십 실행 모형

여기에서 제시하는 분산적 리더십 실행 모형은 부분적으로 분산적 리더십에 초점을 맞춘 다양한 연구로부터 수집된 실증적 데이터를 바탕으로 하였다(Harris et al, 2007). 이러한 모형들은 학교 내, 학교 간, 학교 밖에서 이루어지는 리더십 분산의 다양한 유형에 대해 제시한다. 몇몇 학교들은 리더십 분산의 세 가지 유형을 모두 가지고 있는 경우도 있고, 분산적 리더십 실행의 복합적인 측면을 보이는 경우도 있다.

이들 모형을 제시하는 목적은 학교에서 분산적 리더십 실행의 복잡성과 다양한 변이가 가능하다는 점을 보여 주기 위한 것이다. 따라서 분산적 리더십 활동의 상이한 형태와 유형을 설명하는 것을 목적으로 한다. 여기서 제시되는 분류는 분산적 리더십의 각기 다른 형태를 설명하는 하나의 방법을 제시하는 것이기 때문에 다른 설명방식도 당연히 있을 수 있다는 점을 밝히고자 한다.

본 모형은 분산적 리더십을 세 가지 방식으로 유형화한다.

- 학교 내 모형 : 역할과 책임, 새로운 팀, 새로운 책임, 교사와 학생 리더십의 재구조화
- 학교 간 모형 : 협동, 연합, 네트워크화된 활동
- 학교 밖 모형 : 여러 기관들의 참여, 파트너십, 확대된 학교, 사회의 중심으로서의 학교와 커뮤니티의 참여

본 모형은 제도 변화를 위해 시스템 내의 역량구축이 필요함을 의미하는 제도 재설계(Hargreaves, 2007)의 아이디어와 관련된다. 시스템 내의 변화 가능성을 형성하기 위해서는 영향이 미치는 새로운 경로, 혁신적 통로, 새로운 지식과 리더십 실행의 새로운 형태가 요구될 것이다.

분산적 리더십은 혁신과 변화의 빠른 흐름을 보장할 조직순환(organisational circuitry)이 요구된다. 훨씬 더 많은 리더십 기회를 만들고 조직 내외에서 쇄도하는 정보를 증가시킴으로써 지식창출과 제도 변화에 대한 보다 많은 가능성이 열릴 것이다. 이러한 가능성을 시스템 내에 성공적으로 열어 주기 위해서는 수평적·수직적 리더십 형태가 필요하다. 수평

적 · 수직적 리더십의 특정한 조합은 맥락에 따라 다양하게 나타난다. 분산의 구성은 학교 또는 시스템의 변화에 대한 필요에 따라 달라진다.

다음에서 제시하는 사례들은 리더십이 혁신과 변화에 대한 기회를 가져오도록 신중하게 조정되고 재구성된 방식에 대한 통찰을 제공해 준다. 분산의 범위와 크기는 각각 다르지만 재설계의 핵심적인 원리는 성과를 높이는 과정에서 모든 사례에 통용되며 공통분모 역할을 한다. 앞서 강조한 것처럼 많은 학교들은 리더십 분산의 세 가지 유형에 모두 적용된다.

학교 내에서의 분산적 리더십

케인즈힐 초등학교

학교 상황

케인즈힐 초등학교는 사회 · 경제적으로 빈곤한 사우샘프턴 교외지역에 위치하고 있다. 주택구입을 위한 권리(right to buy legislation) 입법으로 세입자들이 구입한 개인소유주택이 몇 개 있기는 하지만, 이 지역의 대다수 학생들은 공영주택에 거주하고 있다. 이 지역은 빈곤층의 비율과 편부모 가정의 비율이 상당히 높은 지역이다. 케인즈힐 초등학교는 과밀주택에서 사는 아동이 15.6%에 이르고, 특수교육을 요구하는 아동등록자(Special Educational Needs Register)가 32%에 이르는 영국에서도 가장 빈곤한 지역으로 분류된 상위 10%에 속하는 지역이다.

1997년에 케인즈힐 초등학교는 학습결과가 상당히 저조한 학교였다. 1997년 이후부터는 학교가 개선되기 시작했고 2004년에는 '학업성취도에 대한 맥락적 가중치(contextual value added)[1]를 고려한 분석'에서 상

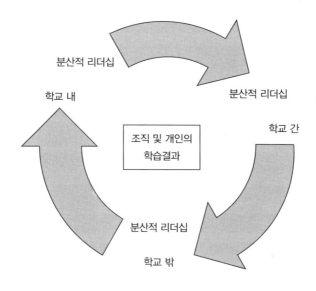

분산적 리더십
학교 내

분산적 리더십
학교 간

조직 및 개인의
학습결과

분산적 리더십

분산적 리더십
학교 밖

그림 7.1 분산적 리더십 모형

위 1% 내에 속한 학교로 개선되었다. 아동의 대다수가 읽기 및 쓰기와 수리 능력에 대한 기초가 부족한 상태에서 학교에 입학한다. 학생들의 대부분은 언어와 행동능력 발달이 상당히 뒤쳐져 있다. 2000년 OfSTED[2]의 조사보고서는 특히 key stage I[3]에 해당하는 케인즈힐 초등학교에서 몇몇 취약점이 있다는 것을 확인하였다. 2005년 OfSTED 보고서는 케인즈힐 초등학교와 리더십이 모두 우수한 것으로 보고하였다. 장학관들은 이

---

1) 맥락적 가중치는 아동이 학교에 들어가는 시기를 감안할 때 발생하는 학교의 상대적 수행도를 의미하는 것이다.
2) 영국 교육기준청(Office for Standards in Education, OfSTED) 국가기관으로 학교의 정규과정(regular cycle)과 결과를 장학 · 감독한다.
3) key stage 1은 5~7세에 해당된다.

학교를 가장 뛰어난 학교들 중 하나로 판정하였다. 이후부터 케인즈힐은 지난 4년 동안 학교의 상대적 가중치를 상위 25%로 계속 유지하였고 2007년에는 상위 2%에 올랐다.

분산적 리더십

2000년에 교감은 교장의 직무를 대행하게 되었고, 결국에는 교장으로 임명되었다. 학교 내 큰 폭의 변화가 요구되었고, 학업성취도에 대해서도 큰 변화가 필요했다. 첫해에는 새로운 업무방식을 도입하고 변화에 대한 높은 기대감을 고취시켰으며, 지속적으로 교수-학습 개선을 위해 노력했다. 2000년에는 지난 2년 동안 개발된 주요 영역들을 요약한 전략계획서를 작성했다.

교장은 학교 내 모든 구성원들이 공유된 이해와 책무성 문화를 개발하기 위해 노력했으며, 학교 구성원 모두가 잠재적 지도자라고 믿고 리더십을 폭넓게 분산하는 데 헌신했다. 직무개선의 정도는 수석리더십팀에 의해서만 이루어질 수 없다는 점을 인식하고, 학교의 전략계획 중 하나를 '학교 전체에 걸쳐서 리더십이 발휘될 수 있는 풍토'를 조성하고자 하였다. 이러한 목적을 달성하기 위한 활동지침이 아래와 같이 '2000-2002 전략계획서'에 명시되어 있었다.

1. 구성원들이 제기하는 쟁점을 다루기 위하여 책임감을 가지고 해결할 직원을 지원한다.
2. 모든 구성원에게 리더십과 관리 능력 개발 프로그램을 제공한다.
3. 구성원이 위험을 감수하고 일할 수 있도록 비난하는 문화는 만들지 않도록 한다.

4. 급변하는 환경 속에서 구성원이 그들의 역할에 대해 논의할 수 있도록 논의의 장을 제공해 준다.
5. 전문지식을 공유하는 문화를 형성하도록 한다.

수정된 '2004-2007 전략계획서'에는 다음과 같은 내용이 포함되어 있었다.

- 학생을 포함한 학교 모든 구성원들에게 리더십을 활성화한다.
- 성찰적 실행을 개발한다.
- 구성원에게 혁신할 것을 장려하고 위험을 감수할 수 있도록 용기를 불어넣어 준다.
- 구성원이 책임을 지고 일을 처리하도록 지원하며 아울러 그들이 제기하는 쟁점은 효과적으로 처리하도록 지속적으로 지원한다.

학교의 많은 구성원에게 리더십에 대한 새로운 접근은 상당한 '신념의 도약(leap of faith)'을 필요로 했다. 이전의 리더십은 의사결정에 있어서 주로 교장과 교감에게 제한되었지만, 현재는 올해의 팀(year teams)이 더해진 확대된 수석리더십팀, 특수교육담당팀과 행정직원팀 모두가 의사결정에 참여한다. 교장은 구성원들 간의 효과적 협동 작업을 정착시키는 데 필요한 시간과 상당한 자원을 투자했다. 치밀하게 짜여진 전략계획서는 구성원이 동의한 범위 내에서 학교 발전을 위해 구성원이 위험을 감수하고 의사결정할 수 있다는 것을 의미한다.

개인은 차츰 학교에서 더 많은 책임을 맡게 되었고, 교수-학습의 일관성을 위한 지속적인 추진력은 학생의 학업성취에 영향을 주기 시작했다. 현재 보조교사(TA)는 의사결정 과정을 지원하는 데 완전히 참여하고 있으며, 수석리더십팀과 협의하는 학생회에도 있다. 학교에는 강한 팀정신이 있으며, 모든 구성원은 전문성 개발과 훈련에 참여하고 있다. 학교는 또한 최근에 발전적인 과업과 창의적인 교육과정 개발을 진행하고 있다.

논평

교장은 리더십을 분산하는 것이 학교 변화에 중요한 부분을 차지했다고 믿고 있다. 교장은 현재 임시로 전출된 상황이라 교감이 교장직을 대행하고 있지만, 현재의 학교시스템은 교장이 부재한 상황에서도 매우 효과적으로 운영되고 있다. 교장은 특히 학교가 일상적으로 존재하는 공식적 리더에게 지나치게 의존하지 않는다는 점에서 이것을 분산적 리더십 실행을 위한 엄밀한 시험 과정으로 여기고 있다. 교장은 리더십을 학교 내에서 광범위하게 분산하는 것이 학교가 높은 수행기준을 유지하고 성취해 나가는 길이라고 보고 있다.

케인즈힐 초등학교에서의 분산적 리더십 모형은 분명한 비전과 전략계획에 기초한 팀활동과 팀지원을 바탕으로 하고 있다. 학교의 구성원들은 동기부여가 매우 잘 되어 있고 의사결정에 있어서 자신들의 책임이 있다는 것을 인지하고 있다. 또한 성과관리를 통한 매우 명확한 책무성 구조를 가지고 있어서 모든 구성원들은 자신들이 행한 행동과 의사결정에 있어서 책임을 지고 있고, 이에 대해 분명히 설명할 수도 있다고 생각하고 있다. 신중하고 분명한 목적을 가진 교장은 케인즈힐 초등학교에서의 분산적 리더십을 잘 조화시켜 왔다. 이러한 이유로 인해 도전적인 환경에 놓인 케인즈힐 초등학교는 우수한 학교가 되었다고 생각된다.

존캐빗 아카데미[4]

학교 상황

존캐빗 아카데미(John Cabot Academy)는 브리스톨 시의 북동쪽 킹스우드에 위치해 있다. 원래 CTC(City Technology College)[5]의 하나로 개교한 이 학교는 1993년 9월에 11세인 160명의 브리스톨 학생들이 등록했다. 이러한 목적으로 설립된 중등학교의 수용인원은 대략 1,000명 정도였고 11세부터 18세 사이의 학생들에게 급식을 제공한다.

존캐빗 CTC는 영국에서 2,000개가 넘는 특성화 학교(specialist schools)[6] 중 발전을 선도했던 초창기 15개 학교 중 하나였다. 2007년 존캐빗은 아카데미가 되었으며, 현재 Wolfson Foundation 및 Rolls Royce

---

4) 아카데미는 공적 자금으로 운용되는 사립학교(independent schools)로 경영, 거버넌스, 교수방법과 교육과정에 있어서 혁신적 접근방법을 통해 성과를 향상시킬 수 있는 자율을 가진다. 아카데미는 여타 개입과 개선 전략들이 실패한, 수행도가 낮은 학교를 대체하거나 혹은 새로 개교한 학교들로서 빈곤 지역에 설립된다. 아카데미는 새 건물을 짓는 데 필요한 200만 파운드를 기부할 수 있는 기업, 종교단체, 기부자에 의해서 설립된다.

5) 정부가 직접 재정지원을 하고 CTC는 A-levels 또는 그에 상응하는 다양한 직업 관련 자격(vocational qualifications)을 제공한다. CTC는 과학, 수학, 기술에 초점을 맞춘 국가 교육과정을 운영한다. 대부분의 CTC는 긴 학교일과를 가지며(a longer day), 몇몇 CTC는 5년간의 교육과정을 운영하기도 한다. CTC는 기업체와 밀접한 관련을 맺으면서 발전해 왔으며, 기술교육에 초점을 맞춘 사립학교들이다.

6) 보다 자세한 내용은 홈페이지(www.ssat.org) 참조. 영국의 어떤 중등학교든 10개 과목 중 한 과목을 특성화시킨 특성화 학교 지정에 지원할 수 있고 두 과목을 특성화할 수도 있다. 10개 과목은 예술(공연예술, 시각예술 또는 미디어예술) 비즈니스, 기업공학, 인문학, 언어, 수학, 연산, 음악, 과학, 스포츠, 기술 등이다.

PLC와 같은 후원자들 및 경제 및 산업계와 긴밀히 협력하고 있다. 이들 경제, 산업계의 대표들과 이외의 후원자들이 운영의 거의 모든 측면에서 존 캐빗 아카데미를 지원하고 있고 또한 학교운영위원회를 구성하고 있다.

존캐빗 아카데미는 240명의 sixth form(역자주 : 16~18세의 학생들로 우리나라 고등학교 2~3학년에 해당됨) 학생과 함께 7~11학년에서 학년 별로 최대 156명을 교육한다. 존캐빗은 새로 개교한 브리스톨 브루나이 아 카데미(Bristol Brunei Academy : BBA)와 제휴하고 있다. 존캐빗 아카데 미와 BBA 두 학교에 대해 전적으로 책임을 가지고 있는 수석교장 David Carter와 함께 존캐빗 아카데미가 BBA의 교육 후원자이다. 두 학교는 각 각 일상적인 업무에 책임을 지고 업무를 담당하는 교장이 있다.

존캐빗 아카데미는 OfSTED의 2007년 조사에서 성취수준이 높은 학교 로 판명되었다. 2004년 교장이 부임했을 때는 학생들의 63%가 5과목의 중등교육졸업시험(GCSEs)[7]에 합격하였다. 2005년부터 2006년까지 이 비율은 71%에서 75%로 상승하였고, 2007년에는 8%가 더 상승한 83%가 합격하였다. 이러한 결과를 통해 지난 3년 동안 20%가 개선되었음을 알 수 있다. 2007년에는 73%의 존캐빗 아카데미 학생들이 영어와 수학을 포 함하여 5과목에서 A~C 성적을 받았다.

존캐빗 아카데미는 일련의 전략들이 이러한 향상된 결과를 얻는 데 도 움이 되었다는 점을 인정한다. 이러한 전략으로서는 교육과정 개발, 멘토 링, ICT 개발과 학생 성취수준에 대한 정밀한 모니터링이 이루어졌다. 존 캐빗 아카데미는 또한 학생들의 학업에 도움을 줄 수 있는 교직개혁을 매 우 활발하게 전개했었다. 또한 많은 지원스태프들(학습도우미, 보조교사,

---

7) GCSEs는 16세에 치르는 시험으로 A~C 성적은 학교 수행도를 판정하는 기준이 된다.

수업보조원, 지원교사 등)이 개별 교사(tutors)와 멘토(mentors) 역할을 담당한다. 이에 대해 교장은 다음과 같이 설명한다.

> 내가 이 학교에 올 때까지만 해도 그러지 않았지만, 현재 리더십 역할을 하고 있는 사람들은 교수-학습에 전적으로 초점을 맞추고 있습니다… 교수-학습 외에 직무를 담당하고 있는 많은 사람들이 있기는 하지만 이들은 직접적으로 관여할 위치에 있는 사람들이 아닙니다.

분산적 리더십

존캐빗 아카데미는 교사, 지원스태프로 나뉜 학교 구성을 해체하기 위해 모든 학생들의 학습을 개선시키는 방향으로 구성되어 있는 팀으로 신중하게 학교를 재구조화했다. 이를 위해 존캐빗 아카데미는 전략적 리더십 역할을 담당할 인사를 외부에서 채용하고 새로운 역할을 만들었다.

지도주임(cover supervisors)[8]팀이 만들어졌고, 교육과정 담당자가 시험, 수업결손 담당자 그리고 교직원 훈련을 담당하도록 임명되었다. 65% 대 35%였던 교사 대 지원 스태프 비율은 70%와 30%로 바뀌게 되었다.

현재 교장이 물려받은 '목회자 모형(pastoral model)'은 전통적인 해당연도를 책임지는 모형이었다. 이러한 모형은 변화되어 왔고 지금은 13명 혹은 14명의 교사집단으로 구성되어 있는 모든 교사집단 내 2명의 교사가 그 역할을 담당하고 있다. 이 중 1명은 수석교사(a lead tutor)이고 나머지 1명은 학교와 학생들 간의 의사소통과 '연계 역할을 담당하는 교사(a link tutor)이다. 또한 추가적인 조직의 역량을 제공하는 10명의 지원스태프가 있다. 모든 교사는 멘토로서 그 역할을 담당하고, 7주에 한 번

---

8) 수업결손이 생길 경우 지도주임이 수업결손을 보충하게 된다.

씩 아동들은 멘토로부터 조언을 받게 된다.

교장 또한 A-level 시험 이후 1년 동안 존캐빗 아카데미에서 머무르고 있는 학생들(gap year students, 역자주 : 중등학교를 졸업한 후 1년 동안 대학입학을 유예하는 학생들)의 입장에서 학생들을 대한다.[9] 이들 학생들은 자신들이 교사가 되고자 한다는 전제하에 1년 동안 장학금(bursary)을 지급받게 된다. 이는 이들 학생들 중 몇이라도 그들이 학위를 마친 후 '대학원 교사 프로그램(Graduate Teacher Programme)'[10]으로 복귀할 가능성을 전제로 실시된다.

역할을 확대하고 역량을 설계하는 것 외에도 존캐빗 아카데미는 또한 보다 수평적인 리더십 구조로 운영되고 있다. 이에 대해 교장은 다음과 같이 밝히고 있다.

> 제가 여기서 말하는 리더십은 제가 다른 곳에서 일했거나 책임을 겼던 다른 어떤 학교에서보다 훨씬 더 수평적인 구조입니다. 전략팀 역할을 담당하는 리더십팀이 있고, 학교를 일일운영할 책임을 가진 대략 7명 내지 8명의 '확대된 리더십팀'이 있습니다. 리더십 실행의 상위 위치에 있는 사람들은 성과와 교수-학습과 관련해서 보다 명확한 권한을 가지게 됩니다.

존캐빗 아카데미의 교장은 신중하게 리더십 권한과 책임을 분산하기 위해 노력해 왔다. 이 학교는 다섯 개 학교로 재편성되었고, 각 학교의 교감들은 규모가 작은 학교를 운영한다. 이들 교감들은 교장의 업무를 보조할 책임

---

9) '해당 연도를 책임진 교장(A Head of Year)'은 전체 학년 집단에 대한 목회책임을 진다.
10) 이 프로그램은 대학원생들에 대한 교사교육과 수업으로 구성된다.

을 질 뿐 아니라 학교의 성과에 대해서도 책임을 가지게 된다. 학교 내에서 교감들은 그들이 선택한 방식대로 학교를 운영할 상당한 운신의 폭과 융통성을 가지게 된다. 하지만 각 학교의 교감들이 궁극적으로 가지는 책임은 학생들의 학업성취도 향상에 있다.

논평

보다 광범위하게 리더십을 분산한 결과는 존캐빗 아카데미에서 긍정적으로 받아들여져 왔다. 현재 지원스태프들은 특정 리더십 역할을 수행할 권한이 부여되어 있음을 알고 있다. 또한 혁신을 이루고 위험을 감수할 수 있다고 생각하고 있다. 교장은 다음과 같이 언급하고 있다.

> 저는 이러한 문화가 매우 긍정적인 것이라고 생각합니다. 이것이 바로 '무엇이든 할 수 있다'는 문화겠지요. 우리 학교의 교직원실은 매우 낙관적인 분위기이고, 교직원들은 매우 창의적이지요. 이들이 새로운 프로젝트를 책임지게 됩니다. 그러면 이들은 기꺼이 위험을 감수하고 혁신을 이뤄내기 위해 대화에 함께 참여합니다.

코트필트 커뮤니티 학교

학교 상황

코트필드 커뮤니티 학교(CourtFields Community School)는 서머싯의 웰링턴에 위치한 학교로 11학년부터 16학년까지 880명의 학생이 재학하고 있는 시골학교이다. key stage 2[11])에서 학교의 입학생은 모든 핵심지

---

11) key stage 2는 11살에 해당된다.

역에서 보이는 영국 전체의 평균보다 아래에 있다. 입학생에 있어서 코트필드 커뮤니티 학교는 33개의 중등학교 중 하위 여덟 번째다. 지난 5년 동안 이러한 결과는 지속적으로 개선되어 왔다. 1999년에 코트필드 커뮤니티 학교는 53%의 학생들이 A~C 점수를 받았고 2007년에는 그 비율이 64% 수준까지 올라갔다.

코트필드 커뮤니티 학교는 지속적으로 영국 국가평균을 상회하는 성취수준을 보여 왔고 sixth form이 없었지만 평균적으로 84%에 이르는 학생들이 직업교육으로 진학한다. 교장은 6년 전 부임했고, 이 기간 동안 학교는 의미 있는 재구조화와 광범위하게 리더십을 분산하는 것을 목표로 한 교직개편과 학업성취 수준 개선에 몰두해 왔다. 또한 이 기간 동안 학교는 지원스태프가 배로 증가했다.

리더십팀은 3명의 신규 교감과 교장으로 재편성되었다. 과거 수석리더십팀은 교장과 2명의 교감으로 구성되었다. 새롭게 구성된 수석리더십팀의 각 구성원은 각 학년에 대해 책임을 지고 구체적인 교수-학습 책임을 가지게 된다. 예를 들어 1명의 교감은 영어와 수학 시험에서 4단계(level 4)로 큰 성취를 거둔 7학년에 대한 업무를 책임진다.

게다가 2년 동안 자진해서 수석리더십팀이 된 준회원들(associate members)도 있다. 이들에게는 추가된 책임을 수행하는 것에 대한 보상은 없으며, 2년 뒤에는 준회원이 될 자격이 학교의 다른 구성원들에게로 넘어간다. 리더십팀이 지속적으로 새롭게 되고 재구성되는 이러한 방식과 학교 내 잠재적 지도자들은 수석리더십팀에서 일할 직접적 경험을 하게 된다. 이는 또한 리더십팀이 조직의 다른 부서들과 연결되고 가르치고 배우는 데 지속적으로 초점을 두도록 해 준다.

분산적 리더십

코트필드 커뮤니티 학교는 보조교사들과 같은 지원스태프를 광범위하게 활용하면서 리더십을 폭넓게 분산해 왔다. 또한 학교의 교수-학습 과정을 지원할 목적으로 새로운 자리를 만들어 왔다. 과거 몇 년 동안 코트필드 커뮤니티 학교는 다수의 '수석보조교사(Higher Level Teaching Assistants : HLTAs)'를 임용했다.

앞에서 제시한 OfSTED의 조사보고서에 따르면, 코트필드 커뮤니티 학교는 매우 우수한 학교로 분류되었지만 개선이 필요한 학생들도 상당수인 것으로 알려졌다. 교육과정은 항상 이들 학생들의 요구를 충족시켜 주지 못했으며, 어떤 경우에는 이들 학생들이 정서상의 문제로 학습할 수 없는 경우도 발생했다. 직원들은 학교 내 일부 소수 학생들의 행동으로 지치고 있었다. 결과적으로 학교는 7학년 프로그램을 마친 학생들을 지원하기 위해 일주일에 하루 일할 임시 수석보조교사를 고용했다. 하지만 학생들이 8학년과 9학년으로 진학하면서 더 많은 지원과 신뢰가 필요하게 되었다.

수석보조교사들 중 일부는 일정 기간 동안 정규수업을 들을 수 없는 학생들에게 직접적인 도움을 제공하고, 행동에 초점을 맞춘 학생지원센터를 운영한다. 이 센터는 key stage 4에서 대안적인 교육과정과 실용적 기회, 방과 후 과업활동의 경험과 갈등, 집단기능과 자아존중감을 높이는 것을 다루는 '정서교육과정'을 제공한다. 비록 2년 전에 설립되기는 했지만 학생지원센터는 따돌림을 예방하는 데 효과적이고 학생들을 수업에 집중하도록 되돌려 놓는 데 성공적이었다.

모든 수석보조교사들이 독립적으로 운영되고 있기는 하지만, 기술적으로 풍부한 학습 환경에서 스태프에 의해 지원받게 된다. 또한 교실공간을 제공하고, 수업을 담당하는 스태프와 긴밀히 협력한다. 대부분의 학생들은 일정 기간 동안 수석보조교사와 함께 학습을 하고, 그런 다음 자신들이 속한 수업으로 돌아온다. 극단적인 예로 어떤 학생들은 학생지원센터에서 개인에게 최적화된 학습 프로그램을 받는 경우도 있다.

모든 스태프는 지속적인 전문성 개발에 대해 강조하고 코칭하는 것이 자리를 잘 잡게 되었으며, 최근에는 지원스태프로까지 그 영역이 확대되었다. 학교는 근래 네 차례에 걸쳐 'Investors in People'[12]을 인증 받았다. 지원스태프와 교사들은 상호 긴밀히 연계되어 있고, 교직원 간 긴밀한 협동과 협력관계가 존재한다. 모든 교사 및 지원스태프들은 전문성을 갖춘 멘토들이고 상호 간 역할이 상당히 교차하고 있다.

게다가 학생 리더십에 대해 강조한다. 학생들은 공식적인 의사결정 과정을 통해 작은 예산을 집행하는 자기들만의 협의체를 운영한다. 학생들은 항상 모든 인터뷰에 참여하고, 학교의 교육 환경과 관련된 쟁점에 대해서는 학교 측과 개발 우선순위에 대해 논의한다.

학교 전체적으로 영향력과 의사결정에 대한 몇 가지 특징적인 점들이 있다. 리더십은 여러 방향으로부터 나오고, 누가 선도하여 문제를 해결할 것인지는 학교가 직면하는 쟁점이나 문제에 따라 달라진다. 리더십팀은 새로운 아이디어와 도전에 대해 수용적이고 개방적이다. 공식적이거나 비공식적 리더십 역할은 교수-학습 문제에서 만나게 되며, 그 집합적 목적은 학업성취수준을 올리고 모든 학생들을 매우 높은 수준으로 돌봐 주는 것이다. 교장은 장래 리더십 실행과 과정의 형태가 학교에 대한 변화 요구에 맞춰서 바뀔 것임을 분명히 알고 있다. 교장이 의도했던 목적은 학교 내

---

12) 'Investors in People'은 비즈니스 목적을 성취하기 위해서 인적자원의 훈련과 개발을 위해 최상의 실행 수준(good practice)을 설정하고 있는 영국 표준이다.

에서 공식적 · 비공식적 역할을 결합한 유연한 리더십 구조를 만들어 오는 것이었다.

지원스태프와 교사에게 리더십을 분산한 주요한 결과는 중등학교 7~9학년(key stage 3)을 마칠 때에 초급 3단계(level 3 entry) 수준에서 5단계+(level 5 +) 수준으로 향상된 학생들의 비율과 수학과 영어에서 중등학교 10~11학년(key stage 4)을 끝마칠 때에 성적 C를 받은 학생들의 비율이 매우 높아졌다는 것이다. 영국에서 코트필드 커뮤니티 학교는 만 14세(key stage 3)를 대상으로 하는 수학 시험에서 상위 그룹에 속했고, 만 16세(key stage 4)를 대상으로 하는 시험에서는 차상위 집단에 속하게 되었다. 이와 동시에 현재 'Fisher Family Trust'(역자주 : 자세한 내용은 http://www.fischertrust.org 참조)가 분석한 학교 가운데 상위 집단에 속해 있다.

아울러 학생들은 자신들의 능력과 자신감을 키울 수 있게 되었다. 과학과 디지털 기술(DT)에서의 실험군 학생(Targeted students)들은 성적에서 획기적으로 개선된 사실이 확인되었다. 학생지원센터 학생들이 정학을 받은 수는 감소하였고, 퇴학 당하는 학생들은 없어졌다. 이는 학생들이 훨씬 더 실용적이고 직업교육 프로그램에 만족했다는 분명한 증거가 될 수 있다.

논평

지난 6년간 코트필드 커뮤니티 학교에서는 지원스태프가 급격히 증가했고, 리더십 역할을 다양화했으며 새로운 리더십 지위를 만들어 왔다. 리더십 구조는 폭넓게 분산되었고 현재 학교문화는 역할과 책임을 상호 교류하는 것으로 변모하였다. 분산의 형태는 교수-학습 개선을 위한 것으로 구조화되었다. 분산적 리더십 구조가 코트필드 커뮤니티 학교에서 학업성취 수준에 긍정적인 영향을 주었다는 증거는 지난 5년 동안 학업성취 수준이 지속적으로 개선되었다는 것이다.

훼블리 고등학교

학교 상황

훼블리 고등학교(Weobley High School)는 11세에서 16세까지의 남녀공학 종합중등학교로 헤리퍼드에 위치해 있으며, 헤리퍼드셔 지방교육청(Herefordshire Local Education Authority)의 감독을 받고 있다. 등록된 학생 수는 대략 446명이다. 2004년 5월에 훼블리 고등학교는 특별조치단계(special measure, 역자주 : 일정 기간 동안 학습 표준에 미치지 못한 학교를 특별 관리하는 책무성 관리 형태)에 들어가게 되었고, 2005년 12월에 완전히 특별조치를 벗어났으며, 더 이상 개선이 필요하지 않게 되었다. 그러한 결과로 GCSE에서 A~C 성적을 받은 학생의 비율은 2004년 41%에서 2005년 55%, 2006년에는 68%로 증가했다. 2006년 봄 훼블리 고등학교는 언어특성화 학교(Specialist Language)로 지정되었다. 의사결정에 있어서 분산적 모형을 더 포함하면서 훼블리 고등학교는 조직성과를 향상시키기 위해 많은 변화를 실천해 왔다.

- 스태프는 학생들이 의사결정의 모든 측면에서 우선시되어야 한다는 철학을 '받아들여야 했다.'
- 스태프 팀의 각 구성원은 그들의 기능을 수행하는 데 있어서 똑같이 중요했다. 여기에는 모든 교사와 지원스태프가 포함되었다.

- 성공에 있어서 가장 중요한 '도구'는 교사와 학생, 스태프들과 학생들, 서로 함께하는 스태프들 간의 긍정적인 관계를 함양하는 것이었다. 이 가운데 스태프와 학생 및 가정의 삼자 간 관계가 가장 중요했다.
- 의사소통은 모든 수준에서 개선되었고 학생과 학부모 의견 개진은 변화에 대한 의제에 있어서 가장 중요한 요소로 고려되었다.
- 새로운 인사구조는 모든 수준에서 학습지원을 재설계하고 보조스태프들에게 더 많은 지위를 주는 추진력이었다.

분산적 리더십

훼블리 고등학교 전반에 걸친 중요한 변화는 리더십을 확대하고 리더십을 교수-학습에 보다 밀접하게 연계시키기 위한 직원의 역할과 책임감에서 만들어진 것이다. 수석리더십팀은 교장과 2명의 교감으로 축소되었다. 교감급에 해당하는 지위는 수석리더십팀의 준회원들이 되는 '수업을 하지 않는 교육과정관리자(non-teaching curriculum support manager)'를 만들기 위해 폐지되었다.

- 해당 연도 부장(Heads of year)은 학업성취와 학생, 수준별 학습, 상담, 학부모와 연계에 초점이 맞춰진 학습관리관(learning coordinators)으로 바뀌었다.
- 재정담당관(finance officer)의 역할은 사업개발 업무를 조율하는 학교 비즈니스 관리자역할로 보다 중요해졌다.
- 사무관리관은 가정과 학교 간, 고등학교와 초등학교 간 연결을 긴밀히 하는 것이었고 의사소통 개선을 지원하는 것이었다.

결손을 보충하는 역할을 담당하는 2명의 감독자들(Two cover supervisors)이 결손이 발생한 수업과 비교과 교사의 결손을 보충하고, 수강취소 업무를 포함하여 다양한 방식으로 교수-학습을 지원하기 위해 임용되었다.

- 행정직은 구체적인 학생지원과 학업성취 영역과 연결되었다. 이들 직종은 수석리더십팀과 관련된다.
- 효과적이고 혁신적이며 재능 있는 교사 보조교사들은, 예를 들어 key Stage 3+의 읽기와 쓰기 및 수리 영역 보충을 위한 집단, 생애기술을 위한 집단 등과 같은 소그룹을 가르쳤다.
- 직무 관련 담당관들은 비교수직으로 임명되었고, 학교 모든 학생들을 위한 경력개발을 지원하였다. 또한 이들은 직무경력과 기업교육도 지원하였다.

논평

훼블리 고등학교에서 리더십 역할은 변모했고 리더십 실행은 확대되었으며 그 결과 교수-학습이 개선되었다. 보다 더 적합한 교육과정이 제공되었고 학교 경험이 학생과 교직원들에게 보다 즐겁고 풍성함을 주었다. 향상된 결과들은 교실에 보다 친숙해진 학습자들과 리더십에 참여하고 있는 교사들을 포함하는 학교 구성원들, 그리고 학생들의 요구를 지원하는 많은 지원스태프와 학습의 개별화를 통해 이루어져 왔다.

교장은 리더십을 보다 광범위하게 분산하는 것이 향상된 학업성취와 기준을 가져왔다고 생각한다. 교장은 학교에서의 역할 재배치가 학교문화를 바꾸고 기대를 높이는 일련의 변화를 이룬 기폭제였다고 생각한다. 학교는 교실 밖에서 학습기회를 만들고 14~19세의 학생들에게 학습에 대한 보다 풍부한 기회를 부여하려는 계획을 가지고 있다. 그러한 변화는 장래에 리더십 책임의 훨씬 더 큰 재편성을 필요로 할 것이지만, 현재 구조는 새로운 기회를 채택하고 이러한 기회에 적응하기에 충분히 유연하다.

튜더 그레인지 학교

학교 상황

튜더 그레인지 학교(Tudor Grange School)는 11세에서 16세까지의 학생들이 재학하는 전문기술학교(specialist technology college)이다. 2002년 GCSE에서 A~C 성적을 받은 학생의 비율은 83.4%였고, 수학과 영어를 포함한 시험에서 A~C 성적을 받은 학생의 비율은 68.3%였다. 2007년 그 비율은 97.3%까지 상승했고, 수학과 영어를 포함할 경우 그 비율은 80%였다. 교장은 '우리 학교의 성공은 연구자가 살펴보고 연구할 부분입니다. 당신이 만약 성과가 떨어지는 것을 보고 참고 극복할 수 없다면 당신이 직면하고 부딪혀야 할 위험과 중대한 변화는 거의 항상 도박과도 같은

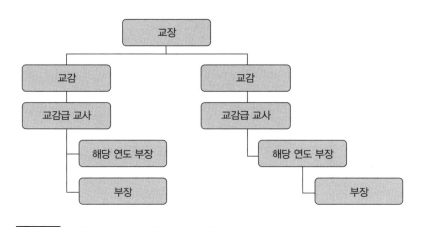

그림 7.2 전통적 리더십 모형

것이 되겠죠'라고 말했다.

분산적 리더십

2005/2006년 동안 학교는 채용구조를 전통적인 위계적 리더십 모형에서 훨씬 더 분산된 구조로 바꾸었다. 기존 리더십 구조는 교장, 2명의 교감, 2명의 해당 연도의 교감급 교사(assistant heads)와 해당 연도 부장 등으로 구성된 매우 전통적인 형태였다.

학교는 교수-학습 수행 핵심목록과 인사배치 구조를 조직이 구성되는 방법을 재고할 기회로 활용했다. 학교는 다섯 개의 협의체(college)를 구성했다(그림 7.3 참조).

새로운 학교 구조는 교사집단팀뿐만 아니라 지원스태프, 교실감독자, 학습멘토팀을 만드는 계기가 되었다. 학생, 학부모, 교사들에게 있어서 연락지점이 되는 각 협의체에는 행정팀(administra-tive team)이 있다. 학교를 재구조화 한 중요한 이유는 다음과 같다.

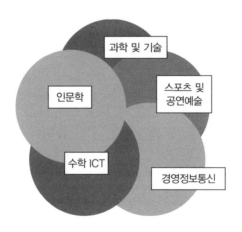

그림 7.3 다섯 개의 협의체

- 학교에서 전문적 지원팀을 만들기 위한 것이다.
- 학문적 멘토링과 안내를 개선하기 위한 것이다.
- 모든 교수-학습팀에 대한 행정 지원을 하기 위한 것이다.
- 교수-학습과 성취기준에 초점을 맞춘 리더십을 위한 것이다.
- 단선적(one line) 경영구조 아래에서 교수-학습팀을 만들기 위한 것이다.

리더십팀의 구성원 1명이 각 협의체를 운영하였다. 모든 구성원들이 학교의 지도자 역할에 있어서 반드시 부가적으로 전체 학교의 전략적 책임을 지는 것은 아니었다. 모든 협의체들은 외부지원기관(external support agencies)의 협력이 필요한 성과와 학습에서 어려움을 겪게 되는 경우 '성취지원을 위한 전문가팀(Specialist Achievement Support team)'의 지원을 받았다. 성취지원을 위한 전문가팀이 모든 학교를 지원한 것이다.

> 어떤 협의체 지도자가 밝힌 것처럼, '나는 나의 팀을 통해 일해야 한다. 리더십 집단은 매우 권한이 부여된 팀이 되어야 한다. 나는 전체를 관리하고 또한 전체가 효율적으로 작동하기 위해 책임감 있고 현실적인 그들에게 책무성을 분산해 왔다. 그리고 이것은 리더십이 발휘되기 위한 방법이어야만 한다.'

다섯 개의 개별 협의체가 운영되는 방식에 있어서의 어려움 중 하나는 일관성과 이들 협의체가 절차, 제도, 구조와 집행에 대해 많은 시간을 소비하는 것이다. 각 협의체에서 수석교사는 교수-학습의 일관성을 보장하는 데 있어서 또한 중추적 역할을 담당한다. 수석교사는 협의체에서 학생들의 학업성취에 대해 책임을 가지게 된다.

수석교사는 낮은 학업성취를 보여 주는 학생들을 확인하고, 적절한 전략을 적용하여 학생들이 자신들의 잠재성을 확인하도록 수준별 교육과정을 효율적으로 관리한다. 또한 이들은 모든 학생들이 적어도 각 학년에서 하나의 심화학습 활동(enrichment activity)에 참여하도록 하며, 장래 학문적인 성공을 위해 필요한 정례화된 활동 및 기술과 지식을 설정한다.

게다가 학교는 GCSE에서 A~C 성적을 받지 못할 상황에 놓인 학생을 위해 멘토링 프로그램을 만들었다. 이 프로그램의 결과는 매우 긍정적이었다. 2005년 26명의 학생들이 수혜를 받았고, 65.4%가 A~C 성적을 받게 되었다. 2007년에는 49명의 학생들이 이 프로그램의 수혜자가 되었고 87.8%가 A~C 성적을 받았다. 한 교사는 다음과 같이 밝히고 있다.

> 멘토들이 학생들이 과정을 마치기 위해 무엇을 해야 하는지 정확히 이해하기 시작하고, 시험문항이 잘 만들어졌는지를 검토하며, 학교의 기준 등이 무엇인지를 이해한 교사와 밀접한 연관을 맺고 일을 하게 되면서 학교의 중대한 변화를 가져왔다고 우리는 생각하고 있다.

논평

튜더 그레인지 학교는 매우 전통적인 리더십 구조에서 다섯 개의 다양한 지원팀(성취, 멘토링, 커뮤니티, 수석교사와 중앙서비스)으로 구성된 보다 분산된 리더십 모형으로 탈바꿈하였다. 학교 교직원들은 이러한 변화가 매우 유익했고, 보다 수평적이고 범위가 확대된 리더십 구조가 긍정적으로 학생들의 학습증진에 기여해 왔다고 생각하고 있다. 이에 대해 한 교사는 다음과 같이 강조했다.

> 지금 우리들은 보다 적절히 학생들의 요구를 충족시켜 주고 있기 때문에

학생들은 전보다 나은 서비스를 받고 있습니다. 현재의 리더십 구조로 바뀌지 않았다면 우리는 아무것도 할 수 없었을 겁니다.

또 다른 교사는 리더십을 보다 폭넓게 확산하는 것에 대해서 다음과 같이 언급하였다.

리더십의 분산이 우리가 일하는 방식에 큰 영향을 주었습니다. 우리는 이전에도 분명히 성공적이었지만, 학생들과 함께 적극적인 방식으로 지원스태프를 활용하는 것이 우리의 제도 내에서 충분히 수행할 수 없는 학생들을 찾아내고 그 수를 줄일 수 있었다는 점에서는 의심의 여지가 없습니다. 분산적 리더십의 가장 큰 장점은 우리가 학생들에게 제공할 수 있는 지원 수준에 있고, 이는 우리의 GCSE 결과로 명확하게 드러났습니다.

2002년에 튜더 그레인지 학교는 28명의 지원스태프가 있었지만 현재는 44명이다. 장래 튜더 그레인지 학교의 목표는 이들 지원스태프의 활용을 확대하고 다양한 교수학습 모형을 시도하는 것이다. 또한 보다 창의적으로 ICT를 활용할 계획을 가지고 있고, 현재 전자포트폴리오(e-portfolio)를 통해 모든 스태프들에게 개별적으로 맞춤형 스태프 개발을 고려하고 있다.

노스플리트 테크놀로지 대학

학교 상황

노스플리트 테크놀로지 대학(Northfleet Technology College : NTC)은 켄트에 위치한 남자중등학교(secondary modern school)이다. 켄트 (Kent local authority)는 영국에서 거의 4분의 1에 달하는 인문중등학교

(grammar schools)가 소재하고 있는 지역이다. 그 결과 NTC 학생의 50%는 특수교육이 필요한 상황이고, 많은 학생들이 매우 낮은 학업성취 수준을 보이고 있다. 1997년에는 11%의 학생들이 다섯 과목에서 A~C 성적을 성취했고, 학업성취수준을 올리는 것이 급선무였다. 1990년대 OfSTED 보고서는 교육여건은 양호하지만, 개선이 필요하고 성과를 높이는 것이 필요하다고 지적하였다. 2003년에는 기술중등학교로서 전문적 지위를 획득하였고, 2007년에 다시 전문적 지위를 가지게 되었다.

NTC 교장은 1985년 부임하였다. 비록 시험 성적이 매년 개선되고는 있지만 교장은 특히 현재 GCSE 시험 성적은 담보상태에 있으며, NCT가 GCSE에서 보다 급진적인 변화를 보이기 위해서는 리더십 구조가 근본적으로 변화되어야 한다고 밝혔다.

이전의 리더십 구조는 14명의 부서장들이 강력한 중간 관리구조를 형성하고 있었다. 이들 부서장들은 성과를 향상시켜야 한다는 압박감에 시달렸고 자신들이 담당하고 있는 교과영역의 성취도에 대해 직접적으로 책임감을 통감했다. 많은 교과부장들은 자신의 교과부 학업성취수준에 대한 책임의 범위와 조사 수준에 따라 극심한 스트레스를 받고 있었다. 특히 영어, 수학, 과학 교과부장들은 표현할 수 없을 정도로 심리적 압박에 시달렸다.

교장은 이러한 현실로 인해 새로운 리더십이 필요하다고 느끼고 적극적으로 학교 내에서 리더십을 분산하고자 하였다. 교직개편과 더불어 성과를 올리고자 하는 요구는 리더십 구조를 급진적으로 변화시킬 수 있는 계기를 제공했다. 다음과 같은 이유로 학교의 재구조화가 필요하였다.

- 추가적인 학습 역량을 창출할 필요성이다. 예를 들면 GCSE 시험 다섯 과목에서 A~C 성적의 비율이 보다 빠르게 개선될 필요가 있다.

- 리더십 역량을 키우기 위해 학교 모든 수준에서 분산적 리더십이 뿌리 내릴 필요가 있다.
- 스태프가 열의를 다해 일해 왔고 모든 전략이 활용되었다.
- 부서장의 책무성이 압도적이어서 리더십을 분산할 필요가 있었다.

분산적 리더십

18개월간의 협의와 기획이 이뤄진 후, 2006년 9월에 기존 장들의 역할은 없어졌고, 다음과 같은 다섯 가지 새로운 교과영역이 만들어졌다.

- 영어, 음악, 드라마, 미디어, 영화
- 수학, 역사
- 과학, 지리, 종교
- 디자인과 기술, 체육, 미술
- ICT, 경영, 현대 외국어

각각의 학습 영역들은 이전의 교과부장의 역할에서 다루어진 핵심 요소를 통합하면서 다음과 같은 네 가지 리더십 지위로 구성된다.

- 학습 프로그램 책임자
- 수석실행가(또는 수석 전문가)
- 진행관리자
- ICT 담당관

또한 학교는 읽기, 쓰기, 수리와 영재교육을 포함하여 각 교과영역과 공동으로 일할 학교 전체의 담당자를 임명했다.

　노스폴리트 테크놀로지 대학은 리더십 구조에서 어떤 부장, 교과부장 또는 올해의 교장도 없다. 학습보조교사(form tutor)와 교과담당교사의 직무기술서는 앞서 언급한 역할을 포함하고, 이들 교사들은 호봉(pay scale)이 올라감에 따라 자신들이 담당하는 교과수준에서 더 많은 책임을

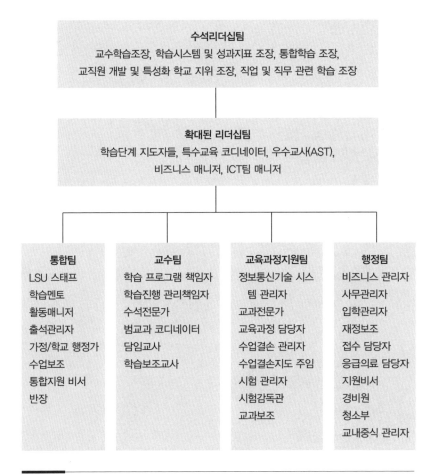

그림 7.4 신 경영 구조

자료 : 학교안내서, 2006

수반하게 된다.

학습 프로그램 책임자(Learning Programme Director : LPD)는 교육과정이 영국 정부에서 설정하고 있는 가이드라인과 학생들의 요구를 충족하고 있는지를 확인하면서 학습영역 보조자의 배치를 포함하여 모든 학생들과 스태프, 학습영역의 재원 관리의 진행상황을 모니터할 제도 확립에 대한 책임이 있다.

수석전문가(Lead Practitioner : LP)는 교과영역에서도 교수-학습 개발에 책임을 가진 유능한 교사이다. 따라서 각 학습영역 내 교사들은 자신이 속해 있는 우수 교사 또는 이러한 역할을 수행할 수 있는 교사와 접촉하게 된다.

학습진행 관리책임자(Progress Manager : PM)는 교과영역을 통해 학생들의 학업진행 정도를 감독할 책임이 있다. 이러한 책임에는 강의가 적절히 차별화되도록 하며 학생 자신의 목표를 충족할 수 있도록 학생들의 적정 수준의 학력을 달성하도록 학생들의 학습진행 상황을 알려 주는 데이터(students' progress data)를 분석하고 배포하는 것이 포함된다. ICT 담당관은 다음과 같은 사항에 대해 책임을 진다.

- 교과영역을 통해 교수-학습을 위한 도구로서 ICT 활용하기
- 온라인 교육과정 개발을 위해 LPD 지원하기
- 범교과 과목(cross-curricular subject)인 ICT가 전달되고, 평가되는 것을 확인
- ICT 업무에 관한 학습영역을 대표하기

위에서 언급된 것처럼 학습영역에서 범교과적인 역할(cross-curricular

roles)은 영재교육, 읽고 쓰기와 인성 · 사회성 · 보건교육(Personal, Social and Health Education : PSHE)과 같은 상당수 영역을 지원하는 것이다.

또한 다음과 같은 새로운 지원스태프의 역할들이 있다.

- 활동매니저(behaviour managers)
- 활동행정보조(behaviour administration assistants)
- 공동체와 비즈니스를 연결하는 담당자(Business Links Co-ordinator)
- 수업결손 관리자(Cover Supervisors)를 포함하는 학습영역 보조 (Learning Set Assistants)

리더십 책임은 '과목에 대한 전문지식을 반드시 가지고 있지 않은 사람이라고 하더라도' 선도할 역량과 함께 능력을 가진 사람들에게 분산되었다. 예를 들어 어떤 교과영역의 장은 체육의 전(前) 학습조장이고, 다른 이는 음악의 전(前) 학습조장이다. 그들은 둘 다 자신들의 교과영역 내에서 다른 과목의 광범위한 내용들을 선도하고 있다. 리더십 책임은 과목에 대한 관련 지식을 가장 많이 가지고 있는 사람에게 주어지기보다는 이끌려는 열정을 가진 사람에게 주어져 왔다.

새로운 리더십 구조는 학년군의 교육과정 조직에 책임이 있으며, 각 학년군에 등록된 학생들을 지원하고, 학생들의 요구에 가장 적합한 학습 환경에서 공부할 수 있도록 할 책임을 가진 4명의 학습단계 지도자들을 양성했다. 학습조장들은 학습 프로그램 책임자와 학습보조교사를 관리 · 담당하게 된다.

모든 학습조장들은 확대된 리더십팀에 속해 있고 리더십 범위에 따라

급료를 지급받는다. 어떤 조장은 추가적으로 학교 전체 책임을 떠맡고 교감급 역할도 한다. 학교의 다섯 개의 학습공동체는 2006년 9월에 도입되었고 이들 집단(form groups) 내에서 분산적 리더십을 장려하는 수직적 교수 시스템을 만들었다. 각각의 새로운 역할들은 자율성이 더 많아질수록 책임도 더 증가하는 성과관리와 연결되어 왔다.

논평

2006년 OfSTED 보고서에 따르면 노스폴리트 테크놀로지 대학에서의 리더십은 우수하다고 평가받았다. 새로운 리더십 구조를 실시한 지 1년 만인 2007년에는 NTC는 가장 좋은 key stage 3, key stage 4, post-16(역자주 : 중등학교를 졸업한 16세 이상의 학생이 치르는 시험) 결과를 얻었다. key stage 2-3에서도 영국 전체 학교의 상위 1%에 속했을 뿐만 아니라 영어와 수학 과목이 포함하여 43%의 A~C 결과를 얻었고 만 16세 학생이 치른 수학시험(KS4 Mathematics : CVA)에서는 영국 전체에서 상위 5%에 올랐다. 또한 43% 학생들이 A~C 성적을 받았을 뿐만 아니라 94%의 학생들은 영어와 수학과목이 포함된 A~G 성적을 받았다. NTC는 분산적 리더십이 변화를 위한 토대를 제공했고, 이러한 결과를 성취하는 데 있어서 크게 기여했다고 굳게 믿고 있다.

세인트 베네딕트 학교

학교 상황

세인트 베네딕트 학교(St Benedict's School)는 영국 더비에 위치하고 있는 중등학교로 다른 중등학교보다 학교 규모가 큰 편이다. 무료급식을 받고 있는 학생들의 비율은 영국 평균과 비슷하고, 소수인종 학생의 비율은 평균 이상이다. 이곳 학생들은 학업성취 기대가 높은 편이다. 특수교육이 필요한 학생은 높은 편이지만 학습장애가 있거나 학습장애아의 비율은 영국 학교 전체 평균과 비슷한 수준이다. 이곳 학생들 과반수 이상은 '대학 진학을 준비하는 고등학교(sixth form)'에서 학업을 계속하게 된다.

학업성취기준은 지난 수년에 걸쳐 점차 개선되어 왔다. 2003년 이후 GCSE 결과는 2003년 62% 수준에서 2007년 70% 수준으로 올라갔다. Key Stage 3의 국가학력 평가의 수학과 과학 과목에서 그 결과는 향상되었다. '맥락적 가중치'는 평균에 근접해 있다. 세인트 베네딕트 학교는 도시 내부와 빈곤층 지역(deprived areas)을 포함하는 폭넓은 학생들을 수용하고 있다. 그래서 매우 다양한 인종의 학생 커뮤니티가 학교에 존재하고, 특히 신체적으로 장애아와 특수교육이 필요한 학생들의 수용에 헌신하고 있다.

최근에 학교는 107명의 교사들과 수석리더십팀에 의해 지원받는 230명의 보조스태프를 가지게 되었다. 2003년에 교장은 학교 내에서 리더십 역할을 포함하여 역할을 재구조화하겠다는 특정 목적을 가지고 '교칙개혁 모임의 개편(remodelling workforce reform party)'에 착수했다. 이에 대해 지난 18개월 동안 스태프, 주지사, 노동조합 대표들은 협의를 가졌다. 2005년 6월에는 새로운 구조가 실행되었다. 가르치는 업무를 맡지 않는 동료직원의 리더십과 조직관리 책임이 명확한 리더십 역할과 함께 주어졌다.

분산적 리더십

교장은 교직개편을 학교 내 리더십 구조와 실행을 근본적으로 재고할 기회로 여겨 왔다. 학교는 최초로 'Investor in People'를 인증 받았고 견고한 팀에 대한 공로를 인정받았다. 이것이 교사팀과 보조스태프팀이 보다 효과적으로 함께 근무할 훨씬 분산된 구조를 형성하는 데 크게 기여하였다.

첫 번째 주요한 변화는 직위에 따른 차이점을 없애기 위해 '가르치는 업무를 맡지 않은 동료직원'들을 재배치하는 것이었다. 리더십 책임과 과업을 재구조화, 재분배하는 것은 공식적 리더십 직함을 가지고 있지 않은 역할을 담당하고 있는 모든 스태프에 달려 있었다. 위계적인 리더십 모형은 교사와 동료직원 양자의 지도자들에 대한 책임 영역을 분명히 설정하는 것으로 대체되었다.

또한 행정책임자, 인사책임자, 경영개발 책임자로 분류된 세 개의 동료직원팀이 만들어졌다. 이들 3명의 책임자들은 리더십팀의 한 부분을 이루게 되고, 학교 동료직원들에 대해 광범위하게 책임을 가지게 된다. 수석리더십팀의 한 구성원으로서 이들은 학교의 전략 방향과 우선순위를 설정하는 데 있어서 동등한 역할을 수행하게 된다. 또한 이들은 자신이 속한 팀을 책임지고 의사결정을 할 수 있으며 책임의 범위 내에서 상당한 자율도 가지게 된다.

새로운 분산적 리더십 구조는 하나의 조직도로 표현될 수 있는 것이 아니다. 조직구조의 연결과 책임은 다양한 팀 간 그리고 팀 내부에 걸친 양방향의 연결에 더해 복잡하고 수평적이고 수직적인 경계를 교차하는 것이다.

새로운 구조의 실행에 있어서 주요한 과제는 스태프가 그들 자신의 부족한 리더십 능력에 대한 확신과 매우 다른 업무방식에 익숙해지는 것 등과 같은 태도에 관한 것이다. 또한 새로운 구조는 업무를 제대로 운영되게 하려면 높은 신뢰도가 필요했다. 리더십의 분산적 속성은 필연적으로 결정이 교장 또는 수석리더십팀의 지원 없이 일상적인 방식으로 이루어진다는 것을 의미했다. 그러나 학교 내 리더십 포럼의 설치는 누구든지 리더십 책임을 가지면서 주요한 결정들이 학교의 다양한 집단들에 의해 항상 논의되고 동의를 얻는 것을 보장했다.

비록 리더십 포럼이 거대한 협의체이기는 하지만 전략적 방향과 권고해 주는 중소 리더십팀과 긴밀히 협력하는 방식을 분명하게 설정하였다. 2007년, 다시 한 번 세인트 베네딕트 학교는 'Investors in People(IIP)'를 수여받게 되었다. IIP는 보고서에서 '세인트 베네딕트 학교는 학교 모든 스태프가 이해하고 공유하는 명확한 비전이 있다. 모든 스태프가 개발하고 선도할 기회를 가진 동기가 부여된 유능한 인력들이 있다'고 지적했다.

논평

학교는 더 많은 스텝이 의사결정 과정에 참여하는 구조를 만들었다. 현재 학교 내에는 교사와 보조스태프를 아우르는 12개의 협의체(consultation team)가 있다. 이들은 매년 학교가 직면하고 있는 특정 이슈들을 논의하기 위해 다섯 차례에 걸쳐 모임을 가지고 있다. 협의체는 교장만이 실시하기를 원하지 않던 하우스시스템(house system)(역자주 : 40명에서 60명씩 나누어서 하우스에 수용하여 사회성·인성을 배양하는 제도)을 운영할 수 있도록 하는 데 도움이 되었다. 그러나 대다수의 스태프는 이것이 긍정적인 변화가 될 것이고 2년 전에 소개된 것이라고 느꼈다.

2006년 11월에 수행된 OfSTED의 마지막 조사는 다음과 같이 밝히고 있다.

> 학교에서 이루어지고 있는 리더십은 좋은 상황이다. 몇몇 우수한 특성들을 보이고 있으며, 특히 지도자들의 전문성을 육성할 수 있도록 하는 학교 내 리더십이 위임되고 분산되는 방식이 그러하다. 이러한 특징들이 하우스시스템 개발과 같은 양질의 몇몇 방안을 이끌어 내는 데 기여했

다. 새로운 아이디어들에 대해 귀를 기울이고 이러한 아이디어를 받아들일 수 있다는 기대감과 개선에 헌신하고, 개선을 이루어 내겠다는 긍정적 문화가 학교에 존재하고 있다.

총평

이 장의 사례에서 개괄되고 있는 분산적 리더십의 예들은 리더십 실행의 변화에 대한 다양하고 상이한 접근법을 제시하고 있다. 어떤 경우에는 재구조화를 위한 외부의 기회들이 변화에 대한 기폭제가 되었고, 어떤 학교들의 경우에는 현존하는 리더십 구조가 학교 발전과 개선에 방해되고 있다는 것을 보여 주었다.

각 학교들은 근본적인 변화를 이루기 위해 위험을 감수해 왔다. 구조의 변화과정은 직무기술, 역할, 지위, 기대, 그리고 필연적으로 리더십 책임의 변화를 수반한다. 이러한 과정이 쉬운 것은 아니지만 협의, 논의와 토론을 통해 가능하다. 가장 중요한 것은 교장과 수석리더십팀이 분명한 책무성 틀 내에서 의사결정을 위한 어떠한 책임과 권위를 양도 및 포기했다는 것이다.

> 분산된 팔로워십 없이는 분산적 리더십이 될 수 없다. 즉 만약 사람들이 의사결정을 할 권위를 가지게 된다면 그들은 또한 그에 대한 책임을 가지게 된다.

리더십을 재구조화하는 것이 잘될 것이라는 어떠한 보장도 없다. 재구조화하는 것과 함께 협력, 신뢰, 책임이 개선, 검증, 강화되고 깊이 뿌리를 내리는 재문화의 과정이 있어야 한다. 단지 구조를 바꾸는 것만으로는 충분하지 않다. 궁극적으로 학교에서의 실행과 학습에 대한 영향을 변화시키기 위해서는 문화의 변화가 있어야 한다. 하지만 구조적 조정 또는 책임에 대한 어떤 변화, 약진, 재정비 없이는 주요한 문화 변화가 일어나지 않을 것이다. 만약 이러한 변화 없이 재구조화가 일어난다면 장기적으로 학교의 재구조화는 지속될 수 없을 것이다.

최근의 연구는 분산적 리더십의 유형 또는 형태가 학교별로 다양하다는 점을 분명히 밝히고 있다. 이러한 연구결과는 분산적 리더십 유형이 조직 및 개인들의 학습을 촉진한다는 점에서 다른 리더십 유형보다 효과적이라는 점을 보여 주고 있다(Leithwood et al, 2007). 분산적 리더십이 조직결과와 학생들의 학업 성취에서 분명한 차이를 만들고자 하는 학교들은 신중하고 의도적으로 어떤 특정한 요구 또는 과제를 충족시키기 위해 리더십을 재설계한다. 이들 학교들은 다른 학교들로부터 구조를 단순히 차용한 것이 아니라 자신들의 학교 여건에 맞는 리더십 실행을 채택·적용·재구성했다.

다음 장은 파트너십, 네트워크와 연합을 통해 학교 간에 리더십을 분산하고 있는 학교에 초점을 맞추어 논의를 진행하고자 한다. 또한 다른 기관 및 조직들과 리더십 책임을 공유하고 있는 '학교 외부의 분산적 리더십'도 아울러 살펴보고자 한다.

학교 간 그리고
학교 밖 분산적 리더십 실행

제 **08** 장

학교 간 그리고
학교 밖 분산적 리더십 실행

도입

과거의 학교들은 다른 학교들이나 조직들과 연계가 비교적 적어 분리되어
일을 하는 경향이 있었다. 이런 방식은 10년 또는 그 전에는 적합했을지 모
르지만 지금은 다른 학교, 단체 및 전문가와 파트너십을 형성하도록 학교
에 대한 압력이 늘어나고 있다.

  Senge(1990; et al, 1994)는 학교 네트워크가 새로운 작업방식에 대한
가능성을 제공하고 있다고 제시한다. 그는 개인의 기술과 학습을 고수하
기보다는 성공적이고 지속 가능한 조직개발의 핵심으로써 협력적 학습과
팀 기술을 강조한다. 그의 연구는 다른 형태의 협력, 연계 및 다기능 파트
너십을 촉진함으로써 지역 시스템과 구조를 재설계하는 것에 대한 가능성
을 보여 주고 있다(Senge et al, 2005). 영국과 다른 나라에서 학교 네트워

크는 점차적으로 대규모의 시스템 개혁에 기여하는 것뿐만 아니라 혁신과 변화를 만들어 내는 수단으로 간주되고 있다(Hopkins, 2001; OECD, 2005).

영국에서 협력은 '중등교육 변혁(Transforming Secondary Education)'의 핵심 의제이다. 이 의제 내에서 다양성과 협력은 기준을 높이는 두 가지 주요한 원동력이다. 특히 학교연합은 교육을 탈바꿈시키는 데 있어서 혁신적인 전략으로 간주된다. 학교연합은 교직원 관리, 자원, 전문성 개발, 교육과정 개발, 리더십 및 관리능력을 공유하는 학교 그룹들이다. 이전의 영국 교육기술부(Department for Education and Skills : DfES)의 부분인 아동학교가족부(Department for Children, Schools and Families : DCSF)는 학교연합을 두 가지 방식으로 정의하였다.

- 2002 교육법 관련 정의에는 둘 이상의 학교 전반에 걸쳐 단일관리단체 또는 공동관리단체 위원회를 만드는 것이 가능하다.
- 기준을 높이고 참여를 촉진하고 교수 및 학습에 접근하는 새로운 방식을 찾고, 일관성 있는 방식으로 학교 간 역량을 구축하기 위해 함께 협력하기 위한 공식 협정을 한 학교 그룹. 이것은 부분적으로 리더십과 관리능력에서 구조의 변화를 통해 많은 경우에 2002 법안에서 적용된 공동 관리 합의를 이용함으로써 초래될 것이다.

전자는 확실히 결합되어 있고 학교 간 협력의 스펙트럼에서 보다 공식적인 끝부분에 있기 때문에 단단한 연합이라고 일컬어진다. 모든 형태의 연합에 대하여 효과적으로 일하기 위한 파트너십을 위하여 높은 수준의 신뢰, 협력 및 자신감의 필요성이 일반적으로 인식되고 있다(Lindsay et al,

2007).

네트워크나 연합이 새로운 것은 아니지만 학교 간에 현재의 네트워킹 활동의 정도는 증가하고 있다. 최근의 증거는 학교 간 파트너십의 투자가 약간의 교육적 보상을 제공한다고 제시하였다(Lindsay et al, 2007). 네트워크화된 학교들은 집단적 성과를 높이고 결과를 향상시킬 수 있다는 증거들이 증가하고 있다. 또한 연구결과는 학교들이 더욱 혁신을 할 수 있고 모든 학교들의 혜택을 위한 실행들을 공유할 수 있다는 것을 보여 준다(Jackson and Temperley, 2007).

네트워킹의 파워는 동질적인 그룹보다는 다양한 학교들 내에서 극대화된다는 것을 제시하고 있다.

> 네트워크 이론은 가까운 근접성(예 : 같은 지역 기관)에 의해 특징지어지는 동질적인 네트워크가 다른 구성원들이 드러내는 다른 생각들의 정도를 제한하고, 따라서 구성원들의 생각들과 행동들을 적은 선택권으로 제한한다. 반대로, 다양한 교육 배경, 전문적 신뢰 시스템 및 전문적 실행이나 교수 과제를 가진 교육자들 사이에서 발전된 네트워크는 새로운 개념과 가능성에 대하여 풍부한 자료들을 제공하고, 실제 실험을 위한 기초를 제공한다. 이런 종류의 실험들은 의미 있는 개선을 위한 가능성이 있다(Smylie and Hart, 1999:6).

네트워크와 파트너십은 공적 · 사적 두 부문 모두에서 지식창출을 달성하는 데 매우 효과적인 수단이라는 많은 증거들이 있다(Sullivan and Skelcher, 2003). 또한 증거는 그러한 네트워크와 파트너십이 특히 광범위한 변화의 기간 동안 자체적으로 자기혁신에 대하여 매우 강력한 기제를 제공한다는 것을 보여 준다(OECD, 2000). OECD(2000)연구는 학교 주변에 협력적 구조를 만들어나가는 것이 집단적 · 개인적으로 모두 더욱 깊이 있는 조직학습을 가져오기 쉽다는 것을 보여 준다.

다음의 두 가지 사례를 통해 학교연합을 맺은 학교 간 분산적 리더십과 규모가 큰 학교의 학교 외부에서의 분산적 리더십을 탐색해 보고자 한다.

나인스타일스 공업고등학교

학교 상황

나인스타일스 공업고등학교(Ninestiles School)는 버밍엄에 1,500명의 학생들이 있는 도심 지역인 테크놀로지 대학(Technology College)에 11~18개의 재단이 있다. 학교는 세 학교와의 연합과 가장 최근 두 학교와의 연합으로 핵심적인 파트너가 되었다. 1988년 이래로 학교는 GCSE의 다섯 개 과목에서 A~C 점수 결과가 1988년 6%에서 2006년 75%로 성공적인 증가를 보여 왔다. 이것은 효과적인 교수-학습의 핵심적인 구성요소, 학습평가 그리고 교육과정 권리 및 선택에 중점을 둔 많은 전략들을 통하여 변화 과정을 가져왔기 때문이다. 이는 학생들에 대한 서비스 접근과 분산적 리더십 실행에 대한 초점과 결합된다.

이 학교는 버밍엄 지역에 있는 두 학교로 구성된 공식적 연합에 최초로 가입한 영국 학교들 중 하나이다. 나인스타일스 공업고등학교는 2003년 에지배스턴의 George Dixon International School과 버밍엄의 Waverley School과 연계하였다. International School은 동일한 학교 부지를 공유하는 두 개의 중 · 고등학교가 연합되어 2002년 9월에 설립되었다.

International School은 전국에서 사회 · 경제적으로 생활수준이 낮은 지역에 서비스를 제공한다. 무료급식의 자격이 주어지는 학생들의 비율은 주로 평균 이상이다. 학생 인구는 대부분 백인이며 다른 인종의 비율은 낮다. 특수교육이 필요한 학생들의 비율은 전국 평균과 비슷하다. International School은 전국에서 네 번째로 심각한 학교로 평가되었다. 가장 낮은 수준에서 9%의 학생들만이 GCSE에서 A~C의 점수를 받았다. 2006년, 학교는 지역의 평균점수 1,002점에 대하여 1,046점의 부가가치 점수를 받아 36%의 학생들이 GCSE에서 A~C 점수를 받았다. 2007년에는 전국에서 가장 향상된 학교 중 하나가 되었다.

Waverley School의 규모는 평균적인 중등학교보다 더 작다. 2006년 9월, 인문학 특성학교(Humanities Specialist)의 자격이 주어졌다. 학교는 생활수준이 낮은 지역에 도움을 준다. 문화적 · 민족적으로 다른 학생들로 구성되어 있는데, 그 대부분은 방글라데시나 파키스탄에서 왔다. 80%가 넘는 학생들이 제2언어로 영어를 사용한다. 85%의 학생들은 이슬람교의 배경을 가지고 있다. 반이 넘는 학생들이 무료급식을 위한 자격을 가진다. 학교에서 학습에 어려움이 있는 학생들의 비율은 50%가 넘는다.

2001년 2월, Waverley School은 특별조치(special measures)에 놓이게 되어 문을 닫을 위기에 처해 있었다. 그러나 2001년에 International School과 나인스타일스와 연합을 이룬 후, GCSE의 다섯 개 과목에서 A~C 점수를 받은 학생들이 2003년 15%에서 2006년 27%로 증가하였다.

분산적 리더십

Waverley School과 International School에서 성과를 향상시키고 기준을 높이는 중요한 목적을 가지고 2003년 학교연합이 수립되었다. 학교연합 자원과 특히 리더십에 대한 전문지식을 지원받아 두 학교 모두 상당한 재구조화에 착수하였다. 성과에서 지속적인 변화는 신규 교사들의 새롭고 영구적인 핵심 집단과 더불어 각 학교에서의 강한 리더십과 관리능력에 대한 수립 때문으로 보인다.

나인스타일스의 수석교사, 그의 수석리더십팀의 핵심 구성원들 및 광범위한 직원들은 두 학교에서 자신감을 쌓고 전문지식을 공유하며, 새로운 리더십 역량을 창조하는 데 시간을 보냈다. 학교들 간의 분산적 리더십에 대한 모형은 지도하고 조언하고 충고하는 것에 매우 의존한다. 그 접근은 특별한 리더십 실행의 접근이나 유형을 첨가하는 것보다는 세 학교 전반에 걸쳐 리더십에 대한 전문 지식을 공유하는 것이다.

대화 과정을 통하여 입증과 논의, 새로운 리더십 구조, 역할과 접근은 International School과 Waverley School에 수립되었다. 나인스타일스의 리더십 지원은 필요할 때 제공되었고, 이 지원은 기간이 제한되어 있다고 항상 인식되었다. 리더십 실행과 전문지식은 교수-학습을 향상시킬 구조와 과정을 일차적 목적으로 삼고 세 학교들 간에 적극적으로 공유되었다. 교장과 교직원들은 각 학교에서 개선의 기초를 시행할 교사, 학생, 운영위원, 수석리더십팀과 협력하면서 시간을 보냈다.

논평

학교연합은 2005년에 끝이 났지만, International School과 Waverley School은 계속해서 좋은 성과를 얻고 있다. 새로운 리더십 구조와 과정은 현재 잘 수립되고 있으며 각 학교에는 강력한 리더십이 있다. Weverley에 대한 최근의 교육기준청(OfSTED) 조사는 '기준이 key stage 4(10~11학년)[1]

---

1) 영국의 초중등학교는 key stage 1(1-2학년), key stage 2(3-6학년), key stage 3(7-9학년), key stage 4(10-11학년)로 학년으로 구분한다.

에서 상당히 개선되어 왔다'고 하였다. GCSE에서 A~C 점수를 받은 학생의 비율은 전국 평균 이상이다(OfSTED, 2007:5). 리더십과 관리능력이 우수하고 직원들이 열정적이고 학교에 헌신적이라고 명시되어 있다.

International School에서 2004년 34%에서 2006년 50%로 증가하면서 GCSE의 다섯 과목에서 A~C 점수를 받는 학생들 가운데 큰 성공이 있었다. 학교 전반에 걸친 참석률은 2004년 84.1%에서 2006년 88.1%로 증가하였다. OfSTED 보고서에 리더십과 관리능력이 매우 우수하다고 나타나 있다. 교장에 의해 제공된 리더십은 다른 중요한 직원들의 매우 우수한 리더십까지 도와준다(OfSTED, 2005: 5).

2005년 이래 나인스타일스는 글루세스터의 Central Technology School과 연합해 왔다. 2003년 학교는 GCSE에서 21%가 A~C 점수를 받았고, 2006년도에는 GCSE 결과는 극적으로 향상하였다. 나인스타일스는 리더십 지원, 전문지식, 지도를 제공하고 있는데, 이는 재정립하는 학교와 성과를 향상하는 데 상당히 기여하였다. 최근 OfSTED 보고서는 다음을 주목한다.

> Cetral Technology College에서 보여 준 주목할 만한 향상은 우수한 리더십과 관리능력에 대한 증거이다. 수석리더십팀 및 운영위원들과 함께 행정직 주임교사와 수석교사는 분위기를 형성하였다. 그들은 가장 높은 기대를 가지며, 뛰어난 행동과 교수는 효과적인 학습의 초석을 만든다는 것을 인식한다(OfSTED, 2007:8).

보고서는 또한 다음을 명시하고 있다.

> 지난 장학 이래로 두각을 보이고 있다. 이러한 주목할 만한 개선은 행정

직 주임교사와 신규 수석교사의 뛰어난 리더십의 결과로 나타났다. 이 리더십은 학교의 성과에 극적인 변화를 이끈 상당한 개선 프로그램을 실시되었다. 이 개선의 중심에는 나인스타일스의 수석교사와 중간 리더들이 협력하여 일해 온 것이라고 할 수 있다(OfSTED, 2007:5).

학교연합 프로그램의 평가(Lindsay et al, 2007)는 학교연합 전반에 걸친 성공의 두 가지 핵심 요인으로 분산적 리더십과 교수 및 학습에 대한 지속적인 초점이었다는 것을 발견하였다. 평가는 교육 개선에 대한 초점, 협력과 좋은 관계를 구축하는 것, 명확한 목표와 목적을 가지는 것, 동료의식을 발전시키는 것, 신뢰와 효과적인 의사소통, 폭넓은 리더십 책임과 같은 효과적인 리더십에 대한 중요한 특징들을 강조하였다.

바우챔프 칼리지

학교 상황

2005년, 전 영국의 교육기술부(DfES)[2]는 2010년까지 모든 어린이들과 청소년들에게 폭넓은 경험을 제공하고 학교에서 그들에게 보다 많은 기회를 제공하기 위하여 방과 전과 후로 잘 구성되어 있고, 안전하고 흥미 있는 활동들에 어린이들이 접근할 수 있어야 한다는 부서의 비전을 상세히 알려 주는 『Extended Schools Prospectus』를 출판하였다. 안내서는 모든 어린이들이 2010년까지 학교에 접근할 수 있어야 한다는 서비스에 대한

---

2) 영국의 교육기술부는 2007년 6월 28일 Department for Education and Skills에서 Department for Children, School and Families와 Department for Innovation, Universities and Skills로 분리되었다.

핵심적인 안들을 제안하고 있다. 핵심적인 제안은 다음과 같다.

- 숙제, 스포츠, 음악클럽과 같은 활동들을 지원하는 다양한 프로그램
- 연중 아침 8시에서 저녁 6시까지 적절하고 가능한 곳에서 통학하는 것을 감독할 수 있는 초등학교나 지역의 협력기관들을 통하여 제공되는 질 높은 보육
- 중요한 과도기에 학부모를 위한 정보를 제공하는 학부모 지원, 다른 아동 서비스 지원을 받아 운영하는 학부모 프로그램, 그리고 어린이들이 자신의 부모와 함께 배우는 가족 학습 시간
- 스피치 및 언어 치료, 어린이 및 청소년 정신건강 서비스, 가족지원 서비스, 집중행동 지원 및 성적 건강 서비스와 같은 폭넓은 전문가의 지원 서비스를 빠르고 쉽게 전환할 수 있도록 특수한 요구가 필요한 어린이들 확인하기
- 광범위한 지역사회를 위한 ICT, 스포츠 및 예술 시설, 성인 학습

이 안내서는 학교들이 운영상의 확대된 학교 서비스를 제공하기 위하여 학부모들과 어린이들의 서비스센터와 함께 긴밀히 협력할 필요가 있었다는 것을 분명히 보여 준다. 지금까지 3,800개가 넘는 학교(여섯 학교 중 하나)들이 자발적이고 사적이며 독립적인 제공자들과 함께 파트너십에서 확대된 서비스에 대한 접근을 제공하고 있다.

바우챔프 칼리지(Beauchamp College)는 2,000명이 넘는 학생들이 있는 레스터셔(Leicestershire)의 14세부터 19세까지 다니는 성취수준이 높은 남녀공학의 특성화 학교(co-educational high performing specialist school)이다. 이전에는 600년의 역사를 가진 인문중등학교(grammar schools)였다. 학교는 다양한 민족들로 구성된 학생들에게 교육 서비스를 제공하고 있으며, 67% 정도가 소수민족 가정의 학생들로 구성되어 있어서 칼리지 공동체가 다양하다. 지역과 공동체에서 다른 중등 및 초등학교와 파트너십으로 함께 협력하는 책임감을 가져왔다. 학교의 역할은 우수한 실행을 공유하고 보급하는 것이며, 교수-학습의 질을 더 향상시키기위하여 직원과 학생들을 위한 적절하고 도전적인 연구나 훈련의 기회를 제공하는 것이다.

2006년, 77%의 학생들이 GCSE에서 C 이상의 점수로 다섯 개 이상의 과목들을 통과하였다. 이러한 결과들은 비슷한 환경에 있는 전국의 상위 255개 학교들에 속한다. sixth form에는 거의 1,100명의 학생들이 있고 시험 결과들이 일관성 있게 높다. 바우챔프 대학은 2003년 11월 실태조사를 받았으며, 수업의 82%에서 우수하거나 더 잘함이라고, 수업의 47%에서 탁월하다는 매우 긍정적인 성적표를 받았다.

분산적 리더십

바우챔프 칼리지에는 전문대학처럼 500개가 넘는 레크리에이션, 문화 및 학문에 관한 주간 및 야간 수업을 수강하는 2,500명이 넘는 시간제 학생들이 있다. 직원은 총 300명이 넘으며 행정적·사무적·전문적인 청소 및 음식 제공 직원들을 포함한다. 따라서 바우챔프 칼리지의 리더십 모형은 광범위하게 분산되어 있으며, 직원들이 업데이트되고 많은 정보를 알 수 있도록 하기 위하여 명확한 의사소통 메커니즘에 의존한다.

리더십팀은 연구와 훈련에 책임감이 있는 교장, 3명의 교감(이들 중 1명은 행정실장이다), 그리고 2명의 수석팀 리더들로 구성된다. 목표로 하는 학생들은 멘토에게 배정된다. 모든 비서진은 11학년 학생들의 멘토가 된다. 학문적 및 목회자의 도움이 필요한 16~18세의 학생들을 돌보는 key stage 5 사무실 팀이 있다. 동료직원들은 어린이들을 위한 전일제 보육, 놀이학교, 방과 전후학교 클럽, 성인 학습, 칼리지 시설을 이용할 수 있는 지역사회, 청년클럽을 포함하는 확대된 서비스를 제공하는 것과 관련된 다양한 책임들을 포괄한다. 바우챔프 칼리지의 보육센터는 5세 이하의 어린이들을 위한 통합된 보육과 교육, 가족 지원 및 일과 훈련을 위한 기회에 접근할 학부모들을 위한 지원을 제공한다. 바우챔프 칼리지는 약 55개의 연계된 단체들과 많은 주간 활동들을 한다.

바우챔프 칼리지에서 의사결정과 리더십은 폭넓게 분산되고 파트너십과 지역포럼에 매우 의존한다. 지역포럼에는 지역주민 포럼과 이해당사자 포럼이 있다. 더욱이 바우챔프 칼리지는 기업과 저학년 포럼 등과 같은 다른 포럼을 대표한다. 지역사회와 함께 학교 외부에서 작용하는 분산적 리더십 모형은 그림 8.1과 같다.

확대된 학교들은 배타적이면 안 되므로 바우챔프 칼리지는 학교 외부에 있는 많은 조직 및 단체들과 연계해야 한다. 그러한 조직들과 함께 직원들은 동료들의 지원뿐만 아니라 시간을 고려하고 계획할 필요가 있다. 이러한 이유로 확대된 학교 담당 교감은 '드림팀(dream team)'을 만들었는데, 이는 우수한 실행을 발견하고 공유하기 위해 전국적으로 확대된 학교 담당자를 모집하는 것이다. 바우챔프 칼리지는 최근 2012년 올림픽 게임을 위해 경기와 훈련 장소들 중 하나가 될 레스터 대학교와 레스터 인문중등학교와 협력하고 있다.

논평

바우챔프 칼리지에서 운영 중인 분산적 리더십 모형은 바우챔프 칼리지

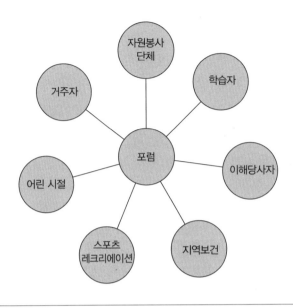

그림 8.1 학교 외부에서 작용하는 분산적 리더십 모형 (어린 시절 → 저학년)

안팎 모두에서 광범위하고 다양한 직원을 포함한다. 바우챔프 칼리지의 교장은 효과적으로 일하기 위하여 분산적 리더십이 효과적으로 발휘되도록 '분산적 팔로워십(distributed followership)'의 중요성을 강조한다. 높은 정도의 자율성과 책임감이 있는 반면 책무성의 분명한 태도와 연결되어 있다. 분산적 리더십 모형은 모든 직원들이 확대된 서비스를 제공하는 데 헌신하고 직원 개인의 공헌하는 역할을 이해하기 때문에 작용한다.

확대된 학교 서비스 안건은 너무 복잡하고 다양해서 바우챔프 칼리지가 혁신적이고 위험을 감수할 수 있는 기회를 제공해 왔다. 이 학교는 모든 IT 자문 서비스를 제공하고 있으며 대중들에게 열려 있는 스포츠 홀과 레저 시설들을 보유하고 있다. 최근에는 교사들을 훈련시키고 영국 직업교육국 가자격증(National Vocational Qualification)을 수여한다.

학생들이 배우기에 좋다는 믿음을 갖도록 격려를 받으면 분산적 리더십 모형 또한 학생들에게 확대된다. 바우챔프 칼리지는 학생들을 의사결정과 핵심적인 리더십 활동에 참여시킨다. 이곳에서는 학생들의 의견에 귀를 기울인다. 학생들이 연구, 학습진행 상황, 수업 관찰에 참여한다. 2명의 학생 운영위원들이 있으며, 학생위원회는 일주일 단위로 만난다. 학생들의 생각과 의견은 리더십팀에 전해진다.

바우챔프 칼리지의 교장인 Richard Parker가 주목하듯이

> …비록 분산적 리더십에 대한 비전이 있고, 격려를 하며 동기를 유발하는 문화와 아이디어를 추구할 기회가 영광스런 실패로 돌아갈지라도 활발하게 촉진된다. 들어주고 상담하는 것은 리더십팀과 모든 직원들이 100% 지지받는 것을 알면서도 위험을 감수하고 혁신하는 것을 허용한다.

총평

각 사례들은 매우 다른 방식으로 학생의 학습 성과를 향상시키는 중요한 목적을 가지고 학교들이 어떻게 의도적이고 계획적으로 리더십 실행을 변화시키는지 강조한다. 그 사례들은 어떻게 재구조화가 더 많은 개인들의 변화에 영향을 미치고 혁신의 일부가 될 수 있게 하는지를 보여 준다. 많은 예시에서 분산적 리더십이 더 광범위하게 더 창의적으로 더 계획적으로 긍정적인 조직성과를 가져왔다는 증거들이 있다. 리더십 실행과 학생 학습 성과 간의 직접적인 연계를 측정하고 증명하는 것은 매우 어렵지만, 이 경우의 연구들은 분산적 리더십과 학습 간의 긍정적인 관계를 보여 준다.

Spillane과 Diamond(2007:163)가 지적하듯이, '분산된 시각의 리더십과 관리능력에 대한 연구는 아직 그 체계를 갖추지 못했으며 앞으로 연구해야 할 과제가 많다.' 그들은 앞으로 '리더십과 관리능력 발전에 애쓰는

사람들과 함께 학교 리더들에 의해 사용될 수 있는 연구 도구와 과정들을 설계하는 것'일지도 모른다는 한 가지 방향을 제시한다.

여기에 제시된 사례들은 실험 연구결과들이 아니라 현재 학교의 리더십 실행에 대한 실례들이다. 사례들은 각 학교가 분산적 리더십을 검토하는 방식과 광범위한 리더십이 학교성과를 이루었다고 느끼는 차이점에 대한 이해를 제공한다. 수석교사들의 다음 인용이 보여 주듯이, 분산적 리더십이 차례차례 긍정적인 학생의 학습 성과로 바뀌어 온 교수 및 학습에 개선을 가져왔다는 인식이 있다.

> 지난 3년 넘게 교사들이 모든 업무를 하고 교사들과 지원스태프가 있는 전통적인 학교로부터 변화해 왔는데, 지금은 더욱 통합되었고 우리는 직원 멘토링을 지원하고 개별 교사를 연결하듯이 직원을 지원했기 때문에 교사들과 지원스태프들 사이의 경계가 없다. 이것은 개인 학습과 과정이 분명한 목표가 되어 왔다는 것을 증명해 준다. 이것은 성취에 있어서 차이를 만들었다.

> 교직원들이 어떤 것에 대한 책임감을 느끼는 학교에서 당신이 대다수의 교직원들에게 말하는 것은 완전히 분산적 리더십 모형이다. 수석리더십과 교사들 간의 큰 차이는 없다. 이 차이를 줄이는 것은 효과가 있었던 성취를 높이는 것에 대한 일관되고 조정된 초점을 의미하였다.

> 리더십은 학교 전반에 걸쳐 퍼지며, 모든 사람들이 매우 분명한 역할을 한다. 질 높은 교수에 관한 이러한 영향의 측면에서 성과가 있었다. OfSTED 조사결과와 우리의 결과가 그것을 보여 준다.

이러한 작은 그룹의 학교들로부터의 발견들은 교실 실행과 리더십 구조를 두텁게 하고 교실 실행에 더 근접하는 리더십 실행으로 옮기는 것은 학습에 유익할 수 있다는 것을 제시한다. 간단하게 구별되는 역할들을 재분배하는 것이 아니라 가장 문제가 될 것 같은 중요한 역할이나 책임감을 어떻게 재배치하는가이다. 간단히 본래의 리더십을 임의적으로 개편하는 경우가 아니다. 교수-학습에 대한 더 가까운 접근성이 있기 때문에 리더십 책임감에 대한 의미 있는 계획과 조직화는 최고로 중요하다. '질 높은 리더십 실행'에 영향을 미치는 리더십 분산에 대한 특별한 유형이나 구성이 있다(Leithwood et al, 2007).

Spillane과 Diamond(2007:154)는 그들의 연구에서 리더십 실행의 중요성을 강조한다. 그들은 실행이 장소와 시간으로부터 끌어낼 수 있는 행동이나 행위의 집단을 축소하는 것이 아니라 그 실행이 시간과 맥락에 내재되어 있다고 보았다. 그러므로 실행은 분산적 리더십 실행이 완전히 이해될 수 있는 재구조화와 재설계에 대한 배경을 인식함으로써 이루어진다. 이것은 구조의 변화가 관계의 균형을 바꾸고 필연적으로 상호작용의 본질을 변화시키기 때문이다. 분산적 리더십 실행은 근본적으로 개인과 그룹의 상호작용에 있다.

이 책에서 보여 주는 사례들은 몇몇 학교에서 리더십 책임의 재구조화와 재조직화가 어떻게 새로운 조직의 정례화된 활동, 기대 및 행동들을 가져오는지 보여 준다. 이 새로운 정례화된 활동, 기대, 행동이 차례차례 조직성과와 결과들에 영향을 미치는 문화의 변화에 영향을 주었다. 사례들은 분산적 리더십의 여덟 가지 특징들을 강조한다.

이 여덟 가지 특징들은 조직변화와 발전의 촉매제로 분산적 리더십의 가능성을 강조한다. 모든 조직에서 서로 지원하거나 적극적으로 서로를 향하여 작업할 수 있는 공식적·비공식적 구조가 될 것이다. 다음 부분은 비전은 통합하는 힘이다.

- 모든 구성원들이 똑같이 공유하는 분명하게 조율된 비전은 화합하게 하는 응집력을 발휘한다. 과정은 갈라지고 항로를 이탈하지 않고 만들어지는 것을 가능하게 하는 것이다.

리더는 공식적 권위를 가진 사람이기보다는 전문성을 가진다.

- 리더십은 필요에 따라 변화한다. 리더십은 일반적으로 과업이나 활동을 위한 전문가의 권위를 가진 사람들에게 있다.

협력팀은 특정 목적을 위해 형성되었다.

- 팀은 유동적인 멤버십을 가지는데, 과업, 역할, 필요한 재능에 따라 변화하는 유동적인 멤버십을 갖는다. 이것들은 영구적인 팀이 아니다.

실행 공동체가 나타난다.

- 비록 협력적 활동들이 해산되기 쉬울지라도 실행 공동체는 일이 끝난 후에 오래 그들의 제휴로 유지되며, 종종 미래의 요구와 잠재적인 협력 구성에 대한 브레인스토밍을 위하여 서로 연계한다.

개인들은 그들 스스로 이해당사자라고 인식한다.

- 모든 개별 팀 구성원들은 필요할 때 리더십의 지위를 기꺼이 맡을 수 있다.

조직 목표는 개별 팀에게 할당된다.

- 사명을 달성할 필요가 있는 과업은 구성요소 부분으로 분해될 수 있고, 과업을 최적으로 달성할 수 있는 팀에게 배정될 수 있다.

분산적 역할과 과업

- 분산적 역할과 과업은 다양한 시간대, 장소와 발산적 조건에서 일어난다.

변화와 개발의 핵심으로서의 탐구

- 탐구는 조직쇄신과 혁신의 핵심이다. 분산적 리더십의 궁극적 목적은 지식창출과 조직개선이다.

공식적 · 비공식적 구조가 분산적 리더십을 지원하거나 억제할 수 있는 방식을 알아본다.

공식적 · 비공식적 구조

학교의 창의적인 가능성과 학습 역량을 극대화하기 위해서 공식적으로 재설계된 구조와 비공식적이고 자체적으로 발생하는 네트워크나 그룹핑 간의 상호작용을 이해하는 것이 중요하다. 공식적 구조는 조직 내에서 관계 위에 겹쳐 놓은 규칙, 경계, 규정으로 구성된다. 그리고 조직 차트, 예산, 계획 문서 및 폭넓은 다양한 정책과 같은 문서와 인공물에 반영된다.

학교발전계획, 자체평가 보고서, 인사 구조 및 시간표는 상호작용하고 일하는 것에 대한 수용할 수 있는 방식을 형성하고 결정하는 강한 구조적 틀이다. 이 구조적 제도들은 조직 내에서 행동을 결정한다. 그것들은 기대되는 것과 보상되는 것을 나타낸다. 우리가 앞의 장에서 보았듯이, 만약 구조가 변한다면 개인과 집단의 전문적 실행 모두 근본적으로 재정의할 수 있다.

반면에 비공식적 조직은 '유동적이고 변동하는 의사소통의 네트워크이다'(Capra, 2004:110). 비공식적 조직은 암묵적 지식이 형성되고 공유되는 비언어적 형태의 참여와 상호작용이다. 이 비공식적 네트워크 내에서는 비공식적 구조에 속한 사람들만이 접근할 수 있고 완전히 이해할 수 있는 의미의 특정한 공유된 의미의 경계가 형성된다. 학교 내에서 비공식적 네트워크는 종종 연령, 성별 또는 공통의 사회적 · 종교적 또는 스포츠 활동까지 연관된다. 비공식적 네트워크는 지배적인 구조에 의해 결정되지 않고 자발적인 방식으로 개인들을 함께 참여시키는 비공식 그룹핑이다. 비공식적 네트워크는 공동의 실행, 공유한 가치 또는 경험에 의존한다. 모든 조직에서 공식적·비공식적 구조 간에 반복되는 상호작용이 있다. 이 상호작용이 어떤 조직에서는 특히 비공식적 네트워크에 의해 만들어진 에너지가 공식적 구조에 반영되는 점에서 긍정적일 것이다. 또 다른 조직에서는 비공식적 네트워크가 핵심적이거나 중요한 조직의 목적을 약화시키고 산만하게 만드는 것으로 여겨질 것이다.

모든 조직 내에 공동체 실행을 구성하는 상호연관된 개인들의 집단이 있다. 만약 적절하게 제공된다면, 비공식적 구조나 네트워크는 지식창출에 매우 기여할 수 있으며 다음 장에서 보여 주듯이 학교 내부 및 학교 간 비공식적 상호작용을 위한 조건들을 창조할 수 있다.

만약 조직이 학습이 가능한 사회체제라면, 질문은 어떻게 우리가 학습하기 위해 조직의 능력과 역량을 최대화할 수 있을까가 틀림없다. 만약 비공식적 구조가 공동체의 실행이라면, 어떻게 우리는 실행의 공동체가 번창하고 성장하게 하는 조건들을 만들까? 만약 분산적 리더십이 새로운 형태의 비공식적 상호연관성과 같다면, 어떻게 우리가 분산적 리더십이 출현하는 기회를 창출할 것인가?

다음 장은 분산적 리더십과 지식창출 간의 관계에 초점을 맞춘다. 특정 형태의 분산적 리더십 실행이 학교 내부 및 학교 전반에 걸쳐 생성되는 지식을 증대시킬 수 있는 방식에 초점을 맞춘다.

분산적 리더십과 지식창출

분산적 리더십과 지식창출

지식기반 경제에서 새로운 금전의 영역은 학습이다(Robert Reich).

도입

사회가 국제화와 신기술에 의해 야기된 과제들에 직면함에 따라 혁신과 지식창출의 중요성은 모든 사람에게 분명해졌다. 대부분의 리더들의 주요한 과제는 경쟁우위를 지키기 위해 혁신을 만들어 내고 유지하는 것이라고 할 것이다. 이는 그 체제를 혁신하는 데 실패한다면 경제적 · 사회적 비용이 상당할 교육 분야에 있어서 특히 그러하다.

Fullan 등(2007)이 지적한 바와 같이, 교육은 모든 학생들을 위한 매일 매일의 수업 변화를 지원하는 체제 — 실용적이면서 강력한 체제, 즉 모든 상황에 처해 있는 모든 학생들에게 질 높은 학습경험을 제공하는 체제를 필요로 한다. 그러면 우리는 이러한 체제를 어떻게 만들 것인가? 만일 지식창출이 변화의 열쇠라고 한다면 학교와 학교시스템에서의 주요한 변화는 필요한 것인가? Krogh 등(2006:7)은 효과적인 지식창출은 출현하는 관계들을 촉진하는 실현가능한 맥락, 공유된 공간에 달려 있다고 하였다. 그들은 지식창출이 개인이 공조하고 협동하는 사회적 과정에 기반한 공동체를 형성함으로써 최적으로 지지되고 성장된다고 했다. 이러한 지식의 미시공동체는 많은 다른 수준에서 참여를 독려하고 성장시키는 공유된 공간을 제공한다.

관료제나 위계적 구조가 지식창출을 위한 최적의 구조를 제공하지 않는다는 것은 분명하다. 대신에 상호 의존하고 협력하는 조직이 지식창출이 일어나는 데 필요한 실현가능한 맥락일 것이다. 이러한 상호 협력적인 조직들은 네트워크화될 것이고, 실질적이고 잠재적인 연맹들과 파트너로 구성된 가상의 생태계일 것이다(Heckscher, 2007:25). 조직들은 팀, 파트너십 혹은 네트워크의 현행 구조적 경계를 넘어서서 리더십 실행을 요구하는 확장되고 역동적이며 다양한 상호작용 체제를 가질 것이다.

상호 협동하는 조직은 두 종류의 관계, 즉 수직적 관계와 수평적 관계로 유지될 것이다. 그 지배적인 조직의 하부기반은 실제적이든 가상적이든 간에 강한 공조하는 팀에 의존할 것이다. 그 상호 협동하는 조직의 괄목할 만한 특징은 순응성 또는 권위이기보다는 상호 의존, 네트워킹과 적응성일 것이다. 그것은 리더십 실행의 질이 리더십 역할이나 지위보다 더 중요한 조직이 될 것이다.

리더십은 변화하는 환경과 요구들에 의해 그 자체를 재조정하는 데 유연하고 대응력 있는 상호 협동하는 조직을 필요로 할 것이다. 분산적 리더십은 이러한 특성을 지녔으며 위계적 구조와 리더십의 형태가 후퇴함에 따라 미래의 조직에서 주요한 역할을 할 것이다(Harris, 2006). 역할 또는 직무기술이기보다는 관계에 기반을 둔 리더십 실행의 형태는 그러한 조직에서 출현할 것이다. 관계는 공유와 이해의 수단을 제공하기 때문에 지식창출의 핵심을 차지하게 될 것이다. Nonaka와 Takeuchi(1995: 84)는 조직은 '공유하고 콘셉트를 창출하고, 콘셉트를 정당화하고, 원형을 형성하고, 지식을 횡단측량(cross-leveling)함으로써 암묵적 지식에서 명시적 지식으로 움직인다'고 주장했다. 그래서 지식 나선형(spiral)은 계속될 것이다. 이것들이 일어나는 조직에서 지식은 상호작용을 통해 그리고 사람들 사이에서 **공동으로 구성되며** 그 결과 학습이 일어난다.

지식창출의 취약성은 지식창출이 발생 가능하게 하는 리더십 순환 또는 하부기반에 의해 지지될 필요가 있다는 것을 의미한다. 이러한 하부기반은 다양한 조직 수준에서 암묵적 지식의 공유와 효과적인 대화를 허용해야 한다. 분산적 리더십은 전문적 상호작용, 공동구성 및 학습이 다각적인 수준에서 일어나도록 하는 하부기반을 제공한다는 점을 암시한다.

분산적 리더십과 지식창출

Spillane과 Diamond(2007)는 분산적 리더십 실제에 관한 그들의 연구에서 교사들 간의 대화와 상호작용을 통한 공동구성의 힘을 예로 제시했다. 그들의 연구는 리더십과 교실 활동 간의 관계와 아울러 리더십이 리더와 구성원 및 상황에 걸쳐 분산되는 방식을 강조한다. 그들의 연구는 수업과 리더십과의 관계를 명백하게 하며, 또한 수업, 학교 교재가 어떻게 리더십 실행에 있어서 강력한 설명 변수인지를 제시한다.

분산적 관점에서 Spillane과 Diamond(2007:32)는 조직의 정례화된 활동과 도구와 같은 상황의 측면들이 학교 리더십과 경영을 위한 단순한 배경이나 부속물이 아니라, 오히려 리더와 구성원들 간의 상호작용을 형성함으로써 조직의 정례화된 활동과 도구들이 실행을 핵심적으로 정의하는 요소라고 하였다. 그것들의 위치는 리더십 실행이 이러한 상호작용을 형성하고, 정례화된 활동과 도구들이 시간에 걸쳐 리더십 실행으로 변화할 수 있다는 것이다.

그러나 조직의 구조가 가장 적절하고 궁극적으로 가치롭다고 생각되는 상황이나 정례화된 활동과 도구에 영향을 미칠 수 있다는 것 또한 분명하다. 리더십 역할과 책임감에 대한 구조적 형태는 궁극적으로 조직 내의 리더십 상호작용들의 본질과 형태를 결정하고 형성할 것이다. 리더십의 위계적 모형은 수직적·수평적 리더십 구조를 지닌 학교보다 전문적 상호작용을 위한 매우 다른 조직의 구조를 제공한다.

여기서 기본적인 요점은 리더십이 리더들, 구성원들과 그들의 상황 간의 상호작용의 함수라고 본 Spillane과 Diamond(2007)의 주장에 동의하는 것이지만, 이러한 상호작용들은 조직구조들과 환경에 의해 상당히 영향을 받으며 형성된다는 것을 주장한다. 다시 말해, 리더십 실행은 의미 있다고 간주되는 개별 맥락 또는 환경에 있는 정례화된 활동, 실행 및 규범에 대한 유형을 어느 정도 결정하는 조직구조와 분리될 수 없다.

Spillane과 Diamond(2007:164)는 중요한 문제는 리더십이 분산된다는 점이 아니라 그것이 어떻게 분산되는가에 있다고 주장한다. 분산적 리더십에 대해 분석적인 입장보다는 규범적인 입장을 취한다는 것은 리더십이 어떻게 분산되는지를 탐색하는 것을 의미한다. 이는 다양한 조직의 유형들이 리더십 분산의 형태를 감소시키거나 더하는 방식으로 바라보는 것을 의미한다. 또한 조직설계에 집중하거나 지식이 **창출되거나 재활용되고** 있는가에 중점을 두는 것임을 의미한다.

현재 분산적 리더십은 이론적으로는 풍부하지만 실증적으로는 빈약하다. 이전 장들에서 논의한 바와 같이, 우리는 분산적 리더십에 대한 좀 더 구체적이고 깊이 있는 실증적인 연구가 필요하다(Harris, 2007b). 그러나 우리가 갖는 경험적인 증거와 비록 확정적이지는 않지만 앞으로 제시될 증거는 장려되고 있다. 이것은 분산적 리더십과 조직학습 간의 긍정적 관계를 나타낸다(Harris, 2007a; Leithwood et al, 2007).

그 증거는 또한 분산의 형태가 학생의 학습결과에 영향을 미친다는 것을 보여 주고 있다. Day 등(2007:17)의 연구는 실질적인 리더십 분산이 학교가 학생들의 학업성취 개선에 매우 중요하다는 점을 발견했다. 이 연구 결과는 일상 업무의 위임을 넘어선 분산적 리더십이 직원의 편에서 주인의식과 조직을 개발했다는 점을 보여 준다. 이 프로젝트는 리더십 분산이 보통 두 가지 광범위한 유형이나 형태들 중 하나를 취했다는 점을 발견했다. 첫 번째 형태인 **자문적 분산**(consultative distribution)은 학교 수준의 의사결정에 대한 정보와 조언을 제공하는 데 있어서 핵심 교직원의 많은 참여가 특징적이지만, 최종 의사결정은 공식적 리더십의 위치에 있는 사람들에 의해 이루어진다. 두 번째 형태인 **결정적 분산**(decisional distribution)은 교사 리더들에게 할당된 책임 영역에 대한 모든 의사결정에 대해 책임감과 자율성을 부여하는 것이다.

또한 이 프로젝트는 가장 효과적인 학교에서의 리더십 구조가 보다 수평적으로 되어 가고 있으며, 수직적·수평적인 리더십 간의 관계가 서로 교체가 가능하다는 점을 발견했다. 그 증거는 대체로 교장 또는 수석교사들이 그들 학교의 리더십 분산에 대한 본질과 형태를 결정한다는 것을 보여 주었다. 그들이 선택하는 형태들은 세 가지 주요한 영향들에 의해 결정된다.

a. 리더십에 대한 개인적 관점(예 : 통제에 대한 필요)
b. 리더로서 자신의 발달 단계
c. 더 큰 리더십 책임을 져야 하는 그들 직원들의 준비자세에 대한 평가 (Day et al, 2007:19).

Spillane과 Diamond(2007:164)는 리더십에 대한 분산적 시각은 효과적인 리더십 그 자체를 위한 효험 있는 처방이 아니라는 점을 제시한다. 그러나 만약 우리가 특정한 조직의 형태가 다른 조직들보다 더 효과적이라는 충분한 증거를 갖는다면, 왜 우리가 어떠한 예측이나 처방을 피해야만 하는가? Leithwood 등(2006a, 2006b)과 Day 등(2007)이 제시했듯이, 그러한 형태들을 확인하는 것은 가능하다.

이 장의 나머지 부분은 어떻게 분산적 리더십이 **지식창출**과 조직 성장에 기여하는가에 초점을 둘 것이다. 이것은 리더십 역량을 구축하기 위하여 **어떻게 학교들이 리더십 기능을 계획적으로 분산**하고 있는가를 보는 것이다. 이 장은 분산적 또는 근본적 리더십 실행에 대한 실증적 연구로부터 결론을 도출할 것이다.

실행 중인 분산적 리더십[1]

2005년에 영국의 Specialist Schools and Academies Trust는 새로운 전

문성 실행의 창출과 시스템 수준의 변환에 역점을 둔 학교 네트워크를 구축했다. 개발연구(Development and Research) 네트워크는 영국 내의 시스템 수준의 쇄신과 변혁에 필요한 것으로 간주되었고, 이 네트워크는 혁신, 확산 및 공동구성에 적극적으로 관련되었다. 현재 전국적으로 학교 대 학교 네트워크를 위한 기폭제 역할을 하고 활동의 중심이 되는 55개 거점학교와 376개가 넘는 연구개발 학교가 있다.

연구개발 네트워크의 구축은 Nonaka와 Takeuchi(1995)에 의해 개발된 지식창출의 아이디어와 일맥상통한다. 연구개발 네트워크는 새로운 아이디어들, 연구결과의 적용이 단지 공식적인 연구개발 활동의 영역 내에서만이 아닌 그 영역 어디서에나 발생한다는 개념을 가정한다. 연구개발 네트워크에서 사용자들은 지식창출과 확산의 과정에 보다 많은 역할을 수행한다.

학교 간의 연구개발 네트워크에서 전문가들은 새로운 아이디어를 이끌고 확산하며, 혁신의 촉발, 형성, 타당화 및 보급에 중추적인 역할을 한다(Bentley and Gillinson, 2007:4). Chesbrough(2003)가 주장한 대로 그것들이 어디에서 비롯된 것이든 혁신에 대한 가장 효과적인 원천들을 활

---

1) 이 절은 Leithwood 등(2008)의 저서인 『분산적 리더십』의 한 장인 '분산적 리더십과 지식창출'의 내용이다. 연구개발 학교에 대해 논의할 수 있도록 허락해 준 Specialist Schools and Academies Trust에 감사를 표한다. 그러나 여기서 제시하는 관점은 Specialist Schools and Academies Trust의 견해가 아님을 밝힌다. 특히 그들의 연구 내용들을 활용하도록 허락해 준 David Hargreaves 교수와 Specialist Schools and Academies Trust의 Sue Williamson, Emma Sims 그리고 Kai Valcher와 영국 National College for School Leadership의 Gill Ireson와 Toby Greany에게 감사를 표한다.

용하는 것과 관련이 있다. 이것은 단지 아이디어에 관한 것이 아니라 그것들의 실현에 관한 것이다. 열린 혁신에 관한 그의 모형에서 사용자들은 서비스 형성에 관여하며, 지식창출에 있어서 능동적인 참여자들이다.

전문가들의 네트워크 목적이 신지식을 창출하는 것처럼 연구개발 모형은 열린 혁신의 아이디어에 가정을 둔다. 네트워크들은 '3D 모형'으로 설명된다. 그것들은 즉 구조에 있어서 분권적이며, 혁신이 조직되는 방식에 있어서 규율적이며, 분산적 혁신 안건의 구성에 있어서 분산적이다 (Hargreaves, 2003).

그 네트워크에 대한 전반적인 청사진은 없지만, 학교들은 새롭고 더 나은 학습 실행을 창출하는 핵심 목표가 있다는 혁신을 위한 분명한 계획을 세우도록 요구되어 왔다. 연구개발의 최신 그룹은 분산적 또는 근본적 리더십 (deep leadership)에 대한 그들의 활동에 초점을 두어 왔다. Hargreaves (2006:2)는 근본적 리더십은 개인화와 공유한 리더십을 가진 공동구성의 문화를 통해서 학교가 모든 학생들을 위해서 근본적인 경험, 지원과 학습을 보장할 수 있도록 교육을 재설계하는 것을 의미한다.

2007년에 이루어진 실증적 연구는 학교에서 근본적 리더십의 영향에 대한 총괄적이면서 형성적인 피드백을 제공하기 위해 수행되었다. 특별히 그 연구는 지식창출을 촉진하고 유지하는 데 필요한 리더십의 본질, 유형 및 형태에 초점을 두었다. 그리고 어떻게 학교 리더들이 공동으로 구성한 문화를 창조하고 유지했는지를 탐색하였고, 분산적 리더십 실행의 다양한 형태와 구성에 대한 증거를 제공하였다.

이 연구는 연구개발 네트워크 데이터베이스의 자료를 활용했고, 11개 연구개발 학교로부터 심층 사례연구 자료를 수집했다. 이들 학교들은 그들이 혁신적인 리더십 실행에 참여하였고 분권화되고 규율적이며 분산적인 방식으로 다른 학교와 함께 일하는 데 전념하도록 선택되었다. 모든 학교는 실행을 공유하고 분산적이거나 근본적 리더십(deep leadership)의 영역에 대한 전문경험을 얻기를 바라는 다른 학교를 지원하는 데 헌신했다는 것을 입증하였다.

다양한 자료는 근본적 리더십이 이행되고 유지되는 방식을 탐색하기 위해서 각 학교에서 업무에 참여하는 수석교사, 코디네이터 그리고 스태프들, 학생들에 대한 반구조화된 인터뷰를 통해 수집되었다. 그 자료는 학교들이 리더십 실행의 대안적 형태가 나타날 수 있도록 리더십 실행을 개념화하고 구조를 적극적으로 재조직하는 방식에 대한 통찰력을 제공했다. 거점학교들이 실행을 위한 촉매역할을 하고 학교가 그들의 리더십 재설계 과정의 영역을 계속적으로 확대하는 것을 보증하는 데 중요한 역할을 했다는 것은 분명하다.

분산적 리더십 실행 모형

연구로 도출된 자료는 그들의 다양한 활동을 통해서 학교가 수직적 · 수평적 리더십 분화와 관련이 있다는 것을 보여 주었다. 그 학교들은 학교 내 또는 학교 간 리더십 참여를 위한 기회와 공간들을 창조함으로써 적극적으로 '리더십 확산'(Spillane, 2006)을 위해 노력하였다. Weick(1976)은 그의 연구에서 느슨하게 또는 단단히 연결된 시스템들에 대하여 논의했다. Weick(1976)은 그의 세미나 논문에서 연결되어 있는 이미지는 조직연구자들에게 조직의 복잡성에 관해 논의하는 강력한 새로운 방식을 제공한다고 주장했다. 느슨한 연결은 분리된 부분들이 약간은 결합되어 있지만 각

각이 독특한 정체성과 분리성을 지니고 있다는 이미지를 제시했다.

이 이미지는 특히 분산적 리더십 실행의 다른 형태들을 나타내는 데 도움을 준다. 리더, 구성원과 그들의 상황 간의 관계에 초점을 둔 Spillane과 Diamond(2007)가 제시한 분산적 리더십 실행 모형과는 달리, 아래에서 개괄되는 모형은 리더십 실행의 구조적 조정, 구성 및 형태들에 초점을 둔다. 그것은 학교가 리더십 실행을 재배열하고 있는 다양한 방식들을 개괄하는 것과 주로 관련된다.

그 모형의 두 축은 첫째는 단단한 조직연결 대 느슨한 조직연결이고, 둘째는 널리 퍼진 리더십 분산의 형태(조정되지 않는) 대 근본적 리더십 분산의 형태(조정된)를 나타낸다. 이러한 유형론은 네 가지 다른 분산적 리더십 실행의 형태들을 제시한다.

- 즉각적 분산 : 더 유연하고 수평적이며 느슨한 조직구조를 이루지만, 분산적 리더십 실행은 조정되지 않고 임의적이다. 따라서 조직에 대한 혜택은 제한된다.

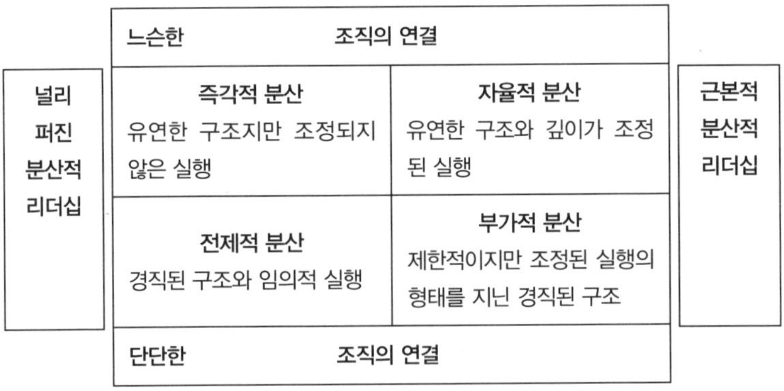

	느슨한 조직의 연결		
널리 퍼진 분산적 리더십	**즉각적 분산** 유연한 구조지만 조정되지 않은 실행	**자율적 분산** 유연한 구조와 깊이가 조정된 실행	근본적 분산적 리더십
	전제적 분산 경직된 구조와 임의적 실행	**부가적 분산** 제한적이지만 조정된 실행의 형태를 지닌 경직된 구조	
	단단한 조직의 연결		

그림 9.1 분산 모형

- 전제적 분산 : 구조는 상대적으로 변화하지 않지만 개발 작업의 참여와 관여는 장려된다. 현 구조에 한정되어서 그 효과는 제한된다.
- 부가적 분산 : 구조들은 비교적 안정적이지만 기회들은 개발과 혁신 과업의 제한된 형태로 신중하게 만들어진다. 이 과업은 조정되지만 조직에 대한 영향은 변혁적이라기보다는 부가적이다.
- 진취적 분산 : 혁신과 변화를 가져오는 주요한 목적으로 더 유연하고 수평적이며 느슨한 조직구조가 만들어졌다. 리더십 과업은 조직과 다른 조직들에 대해 긍정적으로 효과를 주는 방식으로 조정되고 확산된다. 공동구성과 변혁적 과정에 대한 분명한 관련이 있다.

연구개발 학교들은 느슨하면서도 유의미하게 연계된 조직의 분명한 예들이다. Weick(1976:7)이 지적했듯이 그러한 조직의 구성은 신속하고 실질적인 국부적인 적응에 유용할 수 있다. 어느 한 요소가 전체 시스템에 영향을 미치지 않고 구체적인 지역의 독특한 상황에서 조정되고 수정될 수 있다.

모든 연구개발 학교는 특정한 실행들을 포기했고, 교사와 교사 간의 상호작용을 극대화할 수 있도록 적극적으로 재구조화해 왔으며, 상당 수가 좀 더 복잡한 학생 리더십의 형태를 개발하려고 노력했다는 것을 보여 주었다. 교사 대 교사(teacher-to-teacher) 요소는 상호 협동과 직원의 화합을 증가하는 동인일 뿐만 아니라 그들의 업무에 있어서 중요한 차원이었다. 다음 절에서는 연구개발 학교가 분산적 리더십을 보다 폭넓게 이행했고, 그것이 더 깊이 있게 내재되었다는 과업의 유형에 대한 몇 가지 예들을 제시할 것이다.

분산적 리더십 실행[2]

아래의 상황들은 연구개발 학교들이 리더십 실행을 재구조화하고 재설계하고 있는 방식에 대한 몇 가지 예를 제시한다. 많은 학교들이 이러한 과정 중에 있다.

글상자 9.1   분산적 리더십, 학교 A

학교 A

학교 상황

학교 A는 11세에서 19세 사이의 약 1,200명이 넘는 학생들이 있는 종합학교이다. 이 학교는 사회 · 경제적 환경이 서로 다른 학생들이 섞여 있는 도시의 교외에 위치해 있다. 이 학교는 좋은 성과를 보인 학교로서 소수인종 배경 출신이 82% 이상인 학교이다. 학교에서 사용되는 언어만도 40개 이상이다. 이 학교는 리더십 구조를 재설계할 기회를 제공해 온 교직원 건물에 터를 잡은 캠퍼스 모양 구조를 지닌 신축된 빌딩(약 3,000만 파운드 상당)에 입주를 했다.

분산적 리더십

학교는 리더십팀을 계획적으로 확대하였다. 리더십팀은 1명의 수석교사와 2명의 부수석교사 체제에서 1명의 수석교사, 3명의 부수석교사, 그리고 8명의 보조 수석교사(1명은 겸임)로 바뀌었다. 각 보조 수석교사들은 1명의 비교사 스태프와 함께 1명의 교사 또는 단계(phase)를 이끈다. 학교는 또한 교과팀을 통해 리더십을 분산하려고 노력해 왔고, 리더십이 교실의 교사들에

---

2) 근본적 리더십('Deep Leadership') 원고를 작성하도록 허락해 준 학교와 NCSL과 SSAT에 감사를 표한다.

게 바로 전달되도록 하는 문화를 형성하도록 노력하였다.

학교는 학생들이 리더십 지위에 지원하고 선배 리더십팀 멤버들과 함께 하는 후배 리더십팀이 있다. 이러한 기회는 공식적 지원 과정을 통해 모든 학생에게 주어진다. 두 리더십팀은 공동 기획하고 의사결정을 하는 데 책임을 진다. 학교와 기숙사 등은 두 팀들을 위해 승계계획과 훈련(succession planning and training)을 제공한다. 그 학교는 직원들과 학생들의 리더십 개발과 훈련에 막대한 예산을 투자하고 있다.

영향

주니어 학생 리더십팀은 학생들이 교내 의사결정의 일부분이라고 느끼는 정도에 중요한 영향을 미쳐 왔다. 학생들은 이러한 분산적 리더십의 형태를 통해 그들이 발언권을 가지고 있으며 학교가 나아가는 방향에 영향을 미칠 수 있다는 것을 느낀다. 학교 직원들 또한 의사결정에 더욱더 참여하게 되고 그들이 혁신과 변화를 이끄는 데 능동적인 역할을 수행하고 있다고 느낀다.

글상자 9.2 　분산적 리더십, 학교 B

학교 B

학교 상황

학교 B는 1,950명의 학생들이 재학 중인 지방에 위치한 대규모 중등학교이다. 사회·경제적 지표는 이 학교가 가난한 지역에 위치하고 있다는 점을 나타낸다. 영어를 제2외국어로 사용하는 학생 10%, 무료급식을 받고 있는 학생 10%가 재학 중이며, 학생들의 능력 편차는 높은 편에 속하며, 학생들의 학업성취에 대한 기준은 지속적으로 개선되고 있다.

분산적 리더십

리더십은 Hargreaves(2006)가 확인한 네 가지 근본적인 특징에 의해 분산되어 왔다.

- 근본적 리더십 : 교장, 교감 및 비즈니스 매니저
- 근본적 경험 : 교감, 상담교사, 정보기술전담 교사(tech leaders)
- 근본적 학습 : 교감, 컨설턴트
- 근본적 지원 : 3명의 보조 교장, Key Stage 책임자들, sixth form의 수석

협력교감들과 함께 교장, 교감 및 행정실장으로 구성된 핵심 리더십팀(core leadership team)이 있다. 또한 핵심 리더십팀에 다양한 컨설턴트들이 더해진 확대된 팀이 있다. 컨설턴트들은 가르치는 것을 관찰하는 정교한 접근과 다른 학교들과 협의회에 대한 출장 업무(outreach work)를 포함하는 CPD에서 주도적인 역할을 담당한다. 새로운 교사는 발령을 받은 뒤 처음에 분산적 리더십의 과정과 원리들을 소개받는다. 그 학교는 특히 분산적 리더십 실행에 대한 명성 때문에 질 높은 직원을 초빙하는 데 성공하였다.

영향
전문적 학습 문화를 향한 학교 내에서의 변화가 있어 왔다. 개별화된 학습은 교사들이 활용하는 '배우면서 학습하기' 방식, 속진 학습을 위한 기법들과 학습을 위한 평가의 채택을 초래했다. 네 가지 근본적인 특징에 대한 구조적 재배열은 학습과 학생의 학업성취에 긍정적인 영향을 미쳤다. 게다가 학습을 위한 평가는 이제 학교에 자리매김하고 있고, 이것은 교수 학습에 밀접한 리더십 실행을 이끌어 온 구조적 변화 없이는 불가능했을 것이다.

글상자 9.3　분산적 리더십, 학교 C

학교 C

학교 상황

학교 C는 약 1,600명이 등록된 녹음이 우거진 교외에 위치한 곳에서 다양한

재능을 가진 학생들을 교육하는 종합학교이지만 그 학교는 높은 성과를 지닌 학교이며 OfSTED에 의해 우수학교로 지정된 매우 좋은 학교로 생각된다.

분산적 리더십

리더십은 학교 내에서 극적으로 재구성되어 왔다. 리더십은 근본적 리더십의 담론을 반영하기 위해 재구조화되었다. 분산적 리더십은 그 철학의 정수 부분이며 상황을 변화시키기 위해 시도하는 핵심에 자리 잡고 있다. 그 학교는 모든 직원들의 리더십 역량과 잠재력을 개발하길 원했고 1년간의 프로그램을 개발했다. 앞으로 나타날 리더들은 그들이 개발해 온 리더십 틀을 사용하여 직원을 지원한다. 그 목적은 지원 역할을 담당하는 사람들의 리더십 역량을 극대화하는 것이며 또한 내적으로 목표로 하는 훈련을 통해 리더십 역량을 만들어 내는 것이다.

영향

행정 직원과 교직원들이 스스로를 잠재적 리더로 인식함에 따라 두 집단 간에 보다 밀접한 근무 관계가 형성되었다. 또한 책무성은 분산적 리더십의 결과로서 깊어지게 되었다. 특히 리더십 훈련의 결과로, 교과 리더들은 새로운 교재, 아이디어 및 지식을 만드는 데 다른 교사들과 함께 일하는 더 큰 책임을 맡아 왔다. 교사들과 행정직원 모두는 그들 자신들을 학교의 교육성취에 책임을 지는 사람들로 간주하는 경향이 있다. 이것은 새로운 사고방식이며 높은 성취를 갖도록 보다 협조하는 접근을 취했음을 입증한다.

글상자 9.4   분산적 리더십, 학교 D

학교 D

학교 상황

학교 D는 교외에 위치한 초등학교이다. 이 학교는 지난 5년 동안 학생 수가 현저하게 증가했다. 그 기간 동안 학교 내에 리더십 구조와 실행은 변화해왔다.

분산적 리더십

리더십 책임은 단지 수석교사로부터 수석교사와 몇몇의 공동 부수석교사 체제로 확대되었다. 각 부수석교사는 반 학기 동안 그 역할을 수행하였다. 그들은 모두 5년 이상의 경력을 가지고 있으며, 그들이 부수석교사의 역할을 수행하기 전에는 하루 종일 수업을 담당하였다. 수석교사가 리더십 네트워크의 지역 리더여서 일주일 2일 공석이었기 때문에 1명의 공동 수석교사가 그 직원들로부터 임명되었다. 이것은 구성원들이 팀에 들어오고 나감에 따라 리더십팀이 구조적으로 유연하고 항상 그것을 갱신하는 확대된 멤버십에 의존한다는 것을 의미한다.

게다가 이 학교는 시스템 재설계와 학교 간의 리더십 실행의 분산적 형태에 관심이 있는 30개 학교의 네트워크를 이끌고 있다. 그 목적은 리더십 실행을 능동적으로 혁신하고 리더십 활동의 다른 모형과 유형들을 시도하는 학교의 네트워크를 구축하는 것이다.

영향

유연하고 확장된 리더십팀은 교사들이 의사결정 과정에 많이 참여하고 임시적 리더십 역할을 담당하도록 격려해 왔다. 네트워크 내에 학교 간의 연계는 학교 간의 대안적인 혁신 실행을 시도하기 위해서 그리고 네트워크에 걸쳐 다른 수준에 있는 리더들을 연계하는 방식을 찾기 위한 기회를 만들어 왔다. 학교는 훨씬 더 외부 환경에 직면하게 되었고 일반적으로 혁신을 실천하는 원천으로 인식된다. 교사들은 학교에서 머무는 경향이 있고, 가르치는 의무를 영구적으로 양도하지 않고 리더십 경험을 결합할 수 있다. 이것은 학교에서 교사와 학생에 대한 긍정적인 영향을 미친 리더십과 학습 간의 강한 인터페이스를 만들어 왔다.

Bentley와 Gillinson(2007:4)은 전통적인 연구개발을 현재의 연구개발로 조직하는 것에 대한 가능성은 성과에 대한 강력한 효과를 갖는다고 주장한다. 연구개발 네트워크는 세 가지 수준에서 긍정적인 영향을 갖기 시작하고 있다는 증거가 있다.

- 첫째, 향상된 전문성 실행이 있는 개인 수준에서
- 둘째, 새로운 아이디어를 공유하고 이행하기 위한 보다 큰 헌신, 자발성 및 활력이 있는 학교 수준에서
- 셋째, 교수-학습 실행이 연구개발 네트워크에 의해 영향을 받고 있다는 점에서, 특히 개별화된 학습과 관련된 과정과 실행에 있어서

연구개발 네트워크에 의해 촉진된 새로운 리더십 조정은 지식창출, 적용 및 확산을 위한 발판을 제공한다는 증거가 있다. 새로운 리더십 구조는 교사들에게 소속 학교 내 및 네트워크 전반에 걸쳐 다른 교사들과 지식을 공유하도록 독려하고 있다. 이러한 점에서 연구개발 네트워크는 지식의 지렛대와 혁신의 가속도를 위한 강력한 발판을 제공한다.

Nonaka와 Takeuchi(1995)는 지식 확장의 과정을 촉진하는 두 가지 원동력을 확인했다.

- 암묵적 지식을 명시적 지식으로 전환하는 것
- 지식을 개인 수준에서 집단, 조직 및 조직 간 수준으로 이동하는 것

후자는 연구개발 네트워크의 실행 내에서 매우 가시적인 몇 가지 형태의 지식 수단을 요구한다. **활용 가능한 지식영역**은 그 시스템 안에 있는 모든 참

여자들을 통해 공동체에 활용될 수 있는 모든 지식이다. 획득한 지식을 위한 저장소, 즉 지식기반은 그 자신의 지속된 발전과 진화에 힘입어 피드백을 제공한다. 그것은 그 시스템 내에 있는 참여자들 각각으로부터 아래와 같은 상호작용 유형을 지원해야 한다.

효과적인 지식창출은 지식이 공유되고, 그 암묵적 지식이 명시적 지식으로 되는 실현 가능한 맥락 또는 지식공간에 달려 있다. 연구개발 네트워크는 강력한 지식공간들인 것처럼 보인다(Krogh et al, 2006). 이 학교들은 지원적인 맥락에서 협동, 의사소통 및 대화를 격려하고 있다. 그것들은 본질적으로 지식의 미시공동체들이다(Krogh et al, 2006). 그 학교들은 축적된 집단 경험으로 지속적으로 진화하기 때문에 고정되었기보다는 유동적이다.

Wenger(1998)는 실행 공동체에서 학습할 때 참여자들은 그들이 예로서 주는 실행의 문화에 점점 흡수되는데, 이는 공유된 의미, 소속감 및 증가된 이해를 초래한다. 연구개발 네트워크는 그룹 및 집단적 학습에 대한 강조, 즉 상호신뢰와 전문적 존중에 의해 특징지어진다.

Hargreaves(2003:9)는 네트워크가 특정 구성원이 도출할 수 있는 아이디어 풀을 증가시키고, 네트워크는 수많은 잠재적 혜택을 지닌 실행 공동체를 확대한다고 제시했다. 연구개발 네트워크가 지식창출을 위한 공간들을 제공하며 또한 이것은 수업 과정에 긍정적인 영향을 미친다는 증거들이 제시되고 있다.

Wenger(1998)는 효과적인 변화 과정은 의식적으로 의미의 협상을 촉진한다고 제시한다. 이러한 모형에서, 협상은 두 가지 관련된 구성요소로 이루어진다.

• 구체화 : 이 과정은 모든 실행에 있어서 중추적이다. 그것은 추상적인 것을 취하고 그것을 응축된 형태로 전환하는 것, 즉 문서와 상징들의 예로 표현되는 것과 관련된다. 구체화는 조정과 상호 이해의 방식으로부터 유동적이고 비공식적인 집단 활동을 막는 데 필수적이다. 하지만 그 자체적으로 그리고 불충분하게 지원되는 구체화는 학습과정을 지원할 수 없다.

그러나 구체화의 힘, 즉 간결성, 휴대 가능성, 잠재적 · 물질적 존재, 포커싱 효과는 또한 위험하다… 절차는 맹목적인 운영의 절차들에서 보다 넓은 의미를 감출 수 있다. 그리고 한 가지 공식의 지식은 그것이 기술하는 과정들을 충분하게 이해한다는 착각을 갖게 한다(Wenger, 1998:61).

• 참여 : 의미 교섭에서 두 번째 요소는 사회 과정들에 대한 능동적 참여를 요구한다. 그것은 구체화된 기술 또는 처방을 체화된 경험으로 바꿀 뿐만 아니라 그 의미가 재맥락화됨에 있어서 참여자를 참여시킨다. Wenger는 참여를 구상화의 잠재적 경직성(또는 대안적으로 모호성)을 일깨우는 데 필수적인 것으로 기술했다.

…만일 우리가 조직 내 사람들이 제도화된 과정에 의해 완전히 포착될 수 없는 실행에 있어서 독창적으로 참여함으로써 조직목표에 기여했다면… 우리는 공동체 구축 작업에 가치를 두어야 할 것이며 참여자들이 그들 자신의 앎의 가능성(knowledgeability)에 완전히 관련된 행동을 하고 의사결정을 하기 위하여 그들이 학습할 필요가 있다는 점을 배우는 데 필요한 자원에 접근성을 갖는다는 것을 확실히 해야 할 것이다(Wenger, 1998:10).

Wenger는 구체화와 참여 간의 관계를 변증법적 관계로 기술한다. 만일 학습 또는 변화 과정이 유용하게 이해될 수 있는 것이라면 어떠한 요소도 고립된 것으로 간주될 수 없다.

> 명시적 지식은… 암묵적인 것으로부터 자유롭지 못하다. 공식적 과정들은 비공식인 과정으로부터 자유롭지 못하다. 사실상, 의미롭다는 관점에서 그 반대는 더욱더 그러할 것 같다… 일반적으로, 구체화로서 볼 때 좀 더 추상적인 공식화는 의미 있는 것으로 남아 있도록 보다 강렬하고 구체적인 참여를 요구할 것이다(Wenger, 1998:67).

Wenger는 구체화와 참여의 성공적인 상호작용을 공동체의 학습 과업을 개인들과 조정하는 것이라고 부른다. 조정은 공동 목적에 대해 노력하도록 관점과 행위들을 정렬하는 능력을 요구한다. Wenger는 조정의 과제는 학습자들이 자신들의 에너지를 투자하는 것을 허락하는 방식으로 지역적인 노력을 보다 큰 스타일과 담론에 연계하는 것이라고 제시한다.

가장 효과적인 연구개발 네트워크들은 개인들을 공동의 공유된 분명한 목표 체계를 정렬한다. 이 네트워크는 또한 학교에서의 학습의 질에 직접적인 영향을 미치는 새로운 지식을 창출할 수 있다. 네트워크의 중심적인 초점은 개별화된 학습에 있기 때문에 수업 혜택은 늘 협동적이고 네트워크화된 활동의 중심에 있다. 공동구성은 궁극적으로 그들이 상호 협동하고 새로운 지식을 공유하고 창출하는 방식을 정의하고 형성한다.

분산적 리더십과 지식창출

효과적인 지식창출은 실현 가능한 맥락 또는 환경에 달려 있다(Krogh et al, 2006). 그러한 조직적 맥락은 물리적, 가상적, 정신적 또는 초가상적일 수 있다. 지식창출은 지식이 공유되고 암묵적 지식이 명시적 지식이 되는 필수적인 맥락 또는 지식공간을 요구한다. 연구개발 네트워크는 강력한 지식공간들이다. 이 네트워크는 상호 협력, 의사소통과 대화가 지식창출에 기여하는 지원적인 맥락에서 일어나는 것을 가능하도록 한다.

이러한 지식창출은 지식의 그룹들 또는 미시공동체들의 사회적 과정과 과업에 기반한다(Krogh et al, 2006). 미시공동체들은 초기에는 공유된 관심에 의해 특징지어지지만, 시간이 흐르면서 그것들이 문제를 해결하고 아이디어들을 생성할 수 있는 일관된 그룹이 되는 것을 허용하는 행동들과 실행들의 체계를 가정한다.

연구개발 네트워크는 지식의 미시공동체들이며 그것들은 고정되기보다는 유동적이어서 축적된 집단 경험으로 발전한다. 연구개발 네트워크 내에서 학습은 성찰과 분석을 통한 지식의 탈구조화, 그리고 특정한 맥락과 초점이 있는 재구성과 관련된다.

연구개발 네트워크가 수업 과정에 긍정적인 영향을 미치는 지식창출을 위한 공간들을 제공한다는 증거들이 있다. 그러나 우리는 연구개발 네트워크의 성격, 과정 및 영향에 대해 좀 더 이해할 필요가 있다. 우리는 연구개발 네트워크가 증가될 것인가, 만일 그것들이 장기적으로 지속된다면 그 네트워크가 상호 연계될 것인가 그리고 어떻게 연계되는가, 그리고 그러한 실행의 거시적 공동체가 시스템에 미치는 영향에 대해 알 필요가 있다.

이러한 문제들을 다루고 연구개발 네트워크가 학교와 시스템 수준에서 변화와 혁신에 기여하고 있는 방식을 조명하기 위한 작업이 진행되고 있다. 연구개발 네트워크는 지식을 공동으로 구성하고 새로운 지식을 수업으로 만들기 위해 교사들과 함께 일하는 공간을 만들어 내고 있다. 이 네트워크는 교사들이 상호작용하고 같이 일함으로써 그들 자신의 경험과 지식을 넘어설 수 있는 기회를 제공하고 있다.

Choo(1998)는 조직 혁신들이 암묵적 지식의 씨앗으로부터 발아하며 함축적 지식은 그것이 명시적 지식이 될 때 새로운 가치를 만들어 낸다고 제시했다. 지식이 개인으로부터 팀, 그룹, 네트워크의 형태로 조직으로 이동함에 따라 그것은 지식창출이 발생하는 공유된 맥락을 제공할 수 있다. 그것은 목적, 문제점, 사건 그리고 인공물의 의미가 구성되고 협상되는 사회적 맥락을 제공한다.

이러한 관점은 사회적 네트워크, 신뢰 관계와 상호 협동이 지식과 실행의 공동구성을 촉진하는 지식기반 구성주의와 상통한다. 그것은 또한 사회적으로 자리매김된 인지와 사회적 학습(Resnick and Spillane, 2006)과 실행 공동체와 관련된 핵심 개념을 반영한다. Lave와 Wenger(1991)는 모든 학습이 맥락적이고 사회적이며 물질적인 환경에 내재하고 있다고 주장한다. 그들은 상황적 학습은 교육적 형태나 교수-학습전략이 아니라고 주장한다(1991, p. 40).

역량구축

역량에 대한 분명한 초점 없이는 학교가 지속적인 개선 노력을 유지하거나 효과적인 변화를 관리할 수 없을 것이다. 상대적으로 단순한 시각에서 역량구축은 새로운 방식으로 사람들이 함께 일할 기회를 제공하는 것과 관련된다. 그러므로 동료 관계는 역량구축의 핵심에 있다. 실패하는 학교의 눈에 띄는 특징 중 하나는 전문적 공동체, 담론과 신뢰가 매우 부족하다는 것이다. 개선되고 있는 학교에는 협동의 풍토가 존재하고 함께 일하는 집단적 헌신이 있다. 이러한 풍토는 단지 주어진 것이 아니라 조직 내에서 함께 일하는 사람들 간의 토론, 개발 및 대화에 의한 의도적인 결과이다.

역량구축은 개발과 변화를 촉진하는 학교와 교실 수준의 조건에 투자함으로써(Hopkins, Harris and Jackson, 1997) 학교가 '자기개발력'임을 보장하는 것에 관한 것이다(Senge et al, 1999). 하향식 및 상향식 변화의 한계들은 잘 입증되고 있다. 둘 다 학교 내의 내적 조건들이 변화와 개발의 원인이 되지 않는다면, 새로운 계획 또는 변화가 얼마나 좋은 것인가에 관계없이 그것은 필연적으로 당황하게 될 것이다.

그러나 실제 역량구축은 어떠할까? 그 원동력은 비록 분명하게 진술되지 않을지라도 리더십을 확장하고 두텁게 하는 것이다. Hopkins와 Jackson(2003)은 역량에 대한 조작적 정의를 제공하는 몇 가지 유용한 중심 개념과 시각을 우리에게 제공한다. 그 첫째는 **사람**, 리더, 교육전문가, 학생에 대한 중요성과 그들의 기여에 대한 확장이다. 둘째는 내적인 조정, 연결 및 **팀**이 최적으로 작용하고 있을 때 발생하는 조정과 시너지와 관련된다. 셋째는 개인 및 대인 간 역량 개발을 지원하는 조직적 조정(프로그램 일관성과 내적 네트워크)과 상통한다.

넷째는 보다 미묘하나 매우 중요하다. 그것은 공유된 가치, 사회적 응집성, 신뢰, 복지, 도덕적 목적, 참여, 돌봄, 가치화의 영역으로서 리더십의 조작적 영역에 해당된다. 역량구축 모형의 두 가지 핵심 구성요소는 전문가 학습공동체(발달적 학습 시너지로 작용하는 사람들, 대인 간 그리고 조직적 조정)와 사회적 응집성과 신뢰가 생성되는 루트로서의 리더십 역량이다.

이러한 점에서, 역량구축은 생산적인 학교 수준의 변화를 관리하고 촉진하는 조건, 기술과 능력을 개발하는 것과 관련된다. 이것은 또한 학교 개선, 변화 및 개발을 가져오기 위한 특정한 형태의 리더십을 필요로 한다. 이러한 리더십은 조직적이고 개인적인 학습에 초점을 두는 것이며 학습의 공동체, 즉 학부모, 교사, 학생 및 관료들에 투자하는 것이다.

Harris와 Lambert(2003:4)는 리더십 역량구축은 리더십 업무에 있어서 광범위하고 능숙한 참여로 몰아넣는 것이라고 주장한다. 이러한 관점은 참여의 두 가지 중요한 차원인 광범위와 숙련성과 관련된다.

1. **광범위한 참여** : 리더십 발휘에 많은 사람들이 관여한다. 이것은 교사, 학부모, 학생, 지역사회 인사, 교육청 담당자 및 대학교가 참여한다.
2. **숙련된 참여** : 리더십 성격, 지식 및 기술에 대한 참여자에 의한 포괄적인 이해와 입증된 능력

이러한 리더십에 대한 구성주의자 접근은 인식을 표면에 드러내고 중재하는 기회를 만들어 내고 함께 아이디어들을 탐구하고 생성하고 공유된 신념들과 새로운 정보의 관점에서 일을 성찰하고 이해하도록 추구하는 기회를 제공한다.

학교 개선에 관한 문헌들은 향상되고 있는 학교들이 공식적 · 비공식적 수준에서 전문적인 대화의 끊임없는 상호교환에 의해 특징지어지는 경향이 있다는 증거를 제시한다. 또한 이러한 학교들은 교사들이 공유된 목표를 위해 함께 일하는 것을 격려하는 작업방식을 갖는다. 교사들이 다른 교사들에 의해 지지되고 동료로서 함께 일을 할 때 가장 효과적으로 일한다

는 점을 입증하는 증거이다. Hopkins와 Jackson(2003)은 성공하는 학교는 참여, 전문성 개발, 문제해결에 있어서 상호 지지와 지원을 격려하는 협동적인 환경을 만든다고 주장한다.

리더십과 학교 개선 간의 관계에 대한 최근 평가는 다른 사람에게 책임감을 부여하고 다른 사람을 개발하는 것이 학교가 진보하는 최선의 방법임을 의미한다(Day, Harris and Hadfield, 1999). 최근 효과적인 리더십 연구들에서 일관되는 발견들 중 하나는 이끄는 권위가 리더의 사람에 위치할 필요가 없지만 학교 내에서 그리고 학교 간에 분산될 수 있다는 것이다.

우리가 앞에서 살펴보았듯이, 이러한 분산되는 리더십 형태가 존재하는 곳에서 변화를 위한 내적 역량이 구축될 가능성이 크다는 점을 암시한다. 이러한 리더십 형태는 필연적으로 통제로서의 구조에 대한 아이디어를 포기하는 것이 아니라, 대신에 구조를 다른 사람에게 권한을 부여하는 수단으로 볼 것을 요구한다. 신뢰가 리더십 풍토를 지원하는 데 필수적이듯이 이러한 작업에 대한 접근은 높은 신뢰 수준을 요구한다.

신뢰는 리더와 추종자들 간의 필수적인 연결고리이고, 사람들의 일, 기능들과 직무 수행 및 충성에 중요하며, 동료의식에 없어서는 안 되는 것이다. 이것은 탁월한 노력과 능력을 요구하는 신속한 조직 개선이 있을 때 그리고 얼마 되지 않는 동기를 부여하는 요소들을 제공하는 학교조직에서는 더욱 중요하다. 그러므로 학교 개선을 가져오는 리더십의 형태가 조직 내의 사람들 간에 위치한다고 제시하였다. 이것은 학교의 독특한 문화와 공동체에 기여하는 행정 직원, 학부모 및 학생들을 포함하는 폭넓은 사람들의 집단에 속한다.

그림 9.2는 학교에서의 역량구축의 차원을 간단히 보여 준다. 그것은 학생 학업성취와 학습에 대한 참여가 그 중심에 위치하는데, 이것은 역량을

구축하거나 학교를 개선하는 노력에 대한 핵심 목적이 되어야 하기 때문이다. 학습과 교수 과정을 알려 주는 증거 사용, 상호 협동에 대한 강조, 학습과 교수를 가장 잘 지원할 수 있는 조직 하부기반으로서의 분산적 리더십에 대한 분명한 초점이 있다. 그 모형은 다양한 역량구축 차원 간의 상호관계를 강조한다. 전문가 학습공동체를 유지할 역량을 만드는 것이다.

전문가 학습공동체

이 장에서는 분산적 리더십을 학교 내 그리고 학교 간 개인들의 관계 특성과 연계성을 강조해 왔다. 분산적 리더십은 사람, 역할과 지위로부터 분리된 리더십이다. 그것은 정적이기보다는 역동적이고 개선된 학습결과를 가져올 리더십 구조를 만들어 내는 것과 주로 관련이 있다. Stoll과 Seashore Louis(2007)가 지적한 대로, 궁극적인 목표는 전문가 학습공동체와 교수-학습 개선을 연계하는 것이다.

전문가 학습공동체에 대한 문헌은 재차 리더십의 공유된 형태들에 주의를 기울인다. Sergiovanni(1992:214)는 '리더십에 대한 권위의 원천은 지위의 힘에 있지 않고 공유된 아이디어에 있다'고 설명한다.

상호존중과 이해는 일터 문화를 위한 근본적인 필수요건이다. 교사들은 다른 사람들과의 따뜻한 관계를 발전시키는 결과로서 도와주고 지원하고 신뢰하는 것을 알게 된다. 개혁의 하나의 목표가 학생들을 위한 적절한 학습 환경을 제공하는 것이라면, 교사들은 근면, 도전적인 과업에 대한 수용, 위험 감수, 그리고 성장 촉진을 가치로 삼고 지원하는 환경이 필요하다. 그들의 개인적인 실행을 공유하는 것은 그러한 환경을 구축하는 데 기

그림 9.2 학교 역량구축

여한다.

요약하면(Morrisey, 2000을 응용하면), 전문적 학습공동체의 필수적인 특징들은 다음과 같다.

- 의사결정에 직원들을 참여하도록 함으로써 리더십 — 권한과 권위 — 을 공유하는 수석교사 또는 교장의 동료적 그리고 촉진적 참여
- 학생들의 학습에 변함없이 전념하는 교직원들로부터 개발되고, 교직원 업무를 위해 일관되게 설명되는 **공유된** 비전
- 교직원 간의 **집단적** 학습과 그 학습의 학생 요구를 다루는 해결책에의 적용
- 개인과 공동체의 개선을 지원하기 위한 피드백과 지원 활동으로서 동료들에 의한 각 교사의 교실 활동에 대한 **검토**
- 그러한 운영을 지원하는 물리적 조건들과 인적 **역량**

증거들은 변화를 위한 역량을 만들어 내는 데 있어서 교사들이 협동하고 함께 학습하는 것의 중요성을 지적한다. 그러나 교사의 협력은 매우 바람직하지만, 그 실행은 실제 그것을 성취하기는 항상 쉽지 않다. 많은 방식으

로 학교 설계와 조직은 교사 협력과 학습공동체의 구축에 가장 큰 과제를 제시한다. 함께 협동하기를 원하지 않은 교사들은 극복하기 어려운 시간, 경쟁하는 과업 및 물리적 환경의 장벽을 발견할 것이다.

요약하면, 개선되는 학교는 조직 일원들이 실행을 개선하는 새로운 방식을 찾는 데 늘 힘쓰고 있는 학습조직으로서 학교의 생활에 몰두한다(Senge, 1990). 최적의 학습 환경은 교사들이 함께 일하고 학습하는 기회를 제공한다. 이것은 아이디어를 공유하고 의견과 경험에 대한 열린 대화를 촉진한다.

교사 협력, 성찰, 탐구 및 파트너십은 학교를 개선하기 위해 역량을 구축하는 방식들이다. 학교에서 전문적 공동체를 구축하고 참여하는 것은 그 자체로서 전문성 개발의 변화된 형태이다. Lave와 Wenger(1991)는 실행 공동체에서 학습할 때 참여자들은 그들에게 전형적인 모범을 보여 주면서 공유된 의미, 소속감과 증가된 이해감이 일어나도록 점차적으로 실행 문화에 흡수되고 몰입된다.

조직이론가들은 조직의 구별된 분화된 특성을 강조해 왔다(Martin and Frost, 1996). 많은 저자들은 조직의 복잡성과 다양성의 쟁점을 탐색해 왔다(Lima, 2007). Jablin(1987)에 따르면, 조직적 복잡성은 수직적 분화(그 규모와 관련된 조직에서 다른 위계적 과정의 수)와 수평적 분화(그 내의 부서의 수)의 두 가지 내적 분화 과정들을 통해 개발된다.

수직적 · 수평적 분화

현재 많은 학교들, 교육구 및 시스템들은 수직적 · 수평적 분화에 적극적으로 참여하고 있는 것은 분명하다. 그들은 의도적으로 리더십 구조를 재구조화하고 있고, 리더십 역할을 재설계하고 있으며, 리더십 책임들을 재배열하고 있다. 그들은 지식창출이 일어나도록 공간과 기회를 제공하는 데 노력하고 있다.

리더십을 확대하고 강화하는 것은 학교와 학교시스템을 변혁하는 데 유일한 또는 주요한 전략으로 간주되지 않아야 된다는 것은 분명하지만 그것은 여전히 강력한 수단이다. 증거는 성취도가 높고 복잡한 조직이 매우 분화되어 있고, 조직성장과 변화를 위한 상당한 유연성을 제공하는 리더십 구조를 가지고 있다는 점을 보여 준다. 그것들은 수직적·수평적 리더십 분화를 최적화해 온 조직들이다.

만일 우리가 시스템 변혁에 대해서 정말 진지하다면 다르게 일을 해야 할 필요가 있다. 학교와 시스템 변화의 과정은 리더십 구조와 실행에 있어서 몇 가지 근본적이고 장기적인 변화 없이 성취되지 않을 것이다. 그 위험은 피상적인 변화가 깊게 뿌리박힌 변화 대신에 이행될 것이다.

이것이 일어난다면, 새로운 '오래된 리더십 실행'은 다시 일어날 것이며, 이것은 변혁적 과정을 저해할 것이다. Fullan 등(2007)이 지적한 대로 지금 필요한 것은 개인들과 집단들이 그 시스템의 인접된 층들에 연계되는 방식을 찾는 순향의 리더십(proactive leadership)이다. 결국 분산적 리더십은 그것에 작용할 것이다. 우리가 이전 장들에서 논의해 온 것처럼, 많은 학교들은 이미 이러한 필요성을 인식해 오고 있고 이미 리더십 구조와 실행의 대안적 형태로 옮겨가고 있다.

문제는 그것들이 충분히 신속하게 옮겨가고 있는가이다. 학교와 학교시스템에 대한 요구가 활발한 것처럼 기술공학적 변화의 속도도 빠르다. 우리가 조직하는 현재 방식들은 빠르게 옛것들로 변해가고 있지만, 우리를 이끄는 현재 구조와 방식은 답보 상태에 있다. 새롭고 대안적인 리더십 접근은 현재 실행하고 있는 방식들보다 더 좋지 않을 수도 있다. 우리가 구조와 실행을 변화하지 않는다면 이것을 알 수 없을 것이다.

　다음 장은 미래의 리더십을 위한 가능성과 잠재성에 초점을 둘 것이다. 그것은 상호 연계되고 역동적이며 복잡한 살아있는 시스템으로서 조직의 아이디어로 관심을 갖게 한다. 이것은 미래의 조직들은 네트워크화될 것이고 더 큰 시스템 내에 존재한다는 것이다. 그것은 미래의 리더십이 네트워크와 시스템 안팎에서 분산될 필요가 있다는 것을 암시한다.

제 **10** 장

미래의 리더십

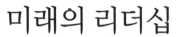

제 10 장

미래의 리더십

난관은 새로운 생각 속에 있는 것이 아니라 낡은 생각을 벗어나는 과정
에 있다(John Maynard Keynes, 1936).

만물의 새로운 체계를 소개하는 데 앞장서는 일보다 더 어려운 일은 없
다(Niccolò Machiavelli, 『군주론』).

도입

역사를 돌아보면 사회는 가끔 오래된 관습을 타파하고 새로운 체제로 탈
바꿈한다. 예를 들면, 20세기에 들어서면서 물리학에 대한 사고의 급격한
변화는 이전의 이해와 지식을 혁명적으로 바꾸어 놓았다. 원자 및 아원자
의 세계에 대한 탐구는 중요한 변화, 즉 '패러다임의 대전환(paradigm

shift)'을 가져왔는데, Kuhn(1962)에 의하면 이는 비연속적이고 혁명적으로 우리의 이해를 변화시키면서 발생한다.

현대 물리학의 세계에서는 새로운 패러다임이 출현하고 있다는 것을 시사한다. 새로운 패러다임은 '전체주의적 세계관으로 세계를 단절된 부분의 집합이 아니라 통합된 전체'로 보고 있다(Capra, 1996:6). 또한 모든 현상에 대하여 근본적으로 독립적인 관계라고 인식한다는 점에서 '생태학적 관점'이라고 나타내기도 한다. Capra(1996:6)가 지적하듯이, '생태학적 인식이라고 하는 것은 개인과 사회처럼 우리가 자연의 순환 과정 속에 포함되어 있고 궁극적으로 의존하고 있다는 사실을 인정하는 것이다.' 또한 모든 생명체의 내적 가치와 자기주장보다는 통합의 중요함을 인정한다.

> 기술의 극적인 진보와 세계 교역 과정에서, 비즈니스 업계에 종사하는 사람들은 자기주장보다는 통합의 필요성을 인식하기 시작했다. 특히 서방 세계의 산업체들은 자기주장과 경쟁을 지나치게 강조해 왔다. 지나친 자기주장에 가장 잘 어울리는 사회 구조는 계급사회인데, 이는 권력과 통제를 행사하는 최적의 방법이기 때문이다(Berkun, 2007).

제1장에서 서술했듯이, 세계 자본과 그 부속물인 기술은 기존의 권력 관계를 완전히 바꿔 놓는 새로운 경제를 탄생시켰다. 지배적인 사회 기능은 더욱더 네트워크를 중심으로 조직되며, Castells(1996)가 말한 '네트워크 사회' 속에서 타인에 대한 권력보다는 통합과 상호 의존을 통해 새로운 권력이 영향력을 발휘한다.

여기서 기본적인 주장은 병원, 기업체 혹은 학교 어디든 새로운 조직 형태가 다양한 형태의 협조 체계를 바탕으로 형성되고 다양한 네트워크 활동의 지원을 받게 될 것이라는 점이다. Capra(2002:106)는 다음과 같이 주장한다.

> …오늘날 대부분의 대기업들은 보다 작은 단위의 분권화된 네트워크로
> 존재하며… 하청업자와 부품공급업자의 역할을 수행하는 중소기업 네트
> 워크와 연계되어 있다. 이러한 기업 네트워크의 다양한 부분들은 협동과
> 경쟁이 동시에 서로 이루어지면서 끊임없이 재결합되고 서로 연계된다.

이 책의 사례들은 학교가 계층적인 리더십 모형을 어떻게 해체하는지 분명하게 보여 준다. 재구조화의 본질은 학교마다 차이는 있지만 대학, 컨설팅 그룹 혹은 팀에 상관없이 보다 작은 규모로, 서로 연계된 보다 작은 단위를 끊임없이 지향하고 있다. 이러한 재편성의 주요 목적은 리더십 활동에 보다 많은 참여를 유도하고 혁신과 지식창출의 발판을 제공하는 데 있다. 즉 재설계의 목적은 조직성과를 향상시키는 데 있다.

조직학습에 대한 시스템의 관점에서 조직성과를 향상시키기 위한 가장 효과적인 방법은 당면한 일에 대한 미래를 예측하고 우리의 행동이 타인에게 미치는 영향력(또는 그 반대)을 평가하는 데 있다고 강조한다. Peter Senge(1990:3)에 따르면, 학습조직이란 다음과 같다.

> …사람들이 진정으로 원하는 결과를 낳고자 끊임없이 자신의 능력을 확
> 대하고, 새롭고 광범위한 사고 패턴을 기르고, 집단의 욕구를 충족시키
> 고, 전체를 보는 시각을 끊임없이 학습하는 조직을 말한다.

그러한 조직의 기본 원리는 빠르게 변화하는 사회에서 융통성 있고 적응력이 뛰어나며 생산적인 능력을 가지고 있는 사람들만이 두각을 나타낸다는 데 있다. 모든 사람들이 이와 같은 능력을 발휘하기 위해서 Senge(1990:3)

는 조직이 모든 수준에서 학습할 수 있는 조직 구성원들의 헌신과 능력을 어떻게 일깨울 수 있는지 알아낼 필요가 있다고 하였다. 모든 조직 구성원들이 학습능력을 갖추고 있음에도 불구하고 그들이 속한 조직이 성찰과 참여에 도움을 주지 못하는 경우도 있다. 더욱이 조직 구성원들은 자신들이 처한 상황을 이해할 수 있는 방법과 지침이 부족할 수도 있다.

Senge(1990:340)에 따르면, 학습조직은 새로운 관점의 리더십이 필요하다고 주장한다. 그는 전통적인 지도자는 매우 개인주의적이고 비체계적인 관점을 가지고 있다고 본다. 리더십에 대한 기존의 시각은 '인간의 무기력함, 개인 비전의 부족, 변화를 주도할 능력의 부재 그리고 이를 보완할 수 있는 위대한 지도자의 부족'이라는 가정에 근거한다. 이러한 전통적인 관점과 달리, Senge는 보다 세심하고 보다 중요한 과제를 전제로 하는 대안적 관점의 리더십을 설정했다.

학습조직에서 지도자는 디자이너이고 안내자이자 교사이다. 또한 지도자는 조직 구축을 책임지고 있고 지속적으로 능력을 확장하여 조직의 복합성을 이해하고 비전을 밝혀 주며 공동의 사고 모형을 향상하는 사람들이다. 학습조직과 관련한 많은 자질들이 분산적 리더십 모형 속에 반영되어 있다. 학습조직 속에서 리더십은 지위보다는 사람들과의 교류하는 능력으로 증명된다. 성과의 향상은 조직 내부의 사람보다는 사람들이 무슨 일을 하고 있는가에 달려 있다.

그럼에도 불구하고 많은 조직에서 전통적인 리더십 모형이 왜 우세할까? 왜 많은 조직에서는 지속 가능한 향상을 보장할 가능성이 희박한 리더십 체계와 실행에 머물러 있는가? 이에 대한 해답의 일부는 기존 권력 구조와의 유착, 즉 깊게 뿌리 내린 개인의 기득권을 지키기 위해 기존 구조를 유지하려는 집착, 현 상태에 대한 잘못된 애착 때문이라고 할 수 있다.

그렇다면 왜 자신의 리더십 지위, 보상 혹은 신분을 버려야 하는가? 왜 위험을 감수해서 새로운 조직 형태가 현 상태보다 더 개선되고 더 효과적이 될 것이라고 보는가? 현재의 입장이 훨씬 안전하고 훨씬 예측 가능한데도 불구하고 왜 미지의 세계로 뛰어들려 하는가?

변화를 추구하라

조직의 중대한 변화를 완강히 거부하는 이유 중 하나는 Imparato와 Harari(1994)의 『변화를 추구하라(Jumping the Curve)』로 설명할 수 있다. 이들 연구에 따르면, 20세기 중반 시작된 사회 및 경제적 변화의 물결이 가속화되어 가는 동안 어떻게 정확하게 대응할지를 두고 많은 조직들은 불안과 혼란감을 가졌다고 주장한다.

조직은 종종 과거 업무방식의 집착 혹은 충성으로 스스로를 얽어매는 경우가 있다고 지적한다. Imparato와 Harari(1994)가 지적했듯이, '과거의 성공에 대한 기억은 앞으로의 진보를 이루는 데 오히려 자주 걸림돌이 된다.' 오늘날 변화의 물결 앞에서 주먹구구식 해결책은 효과가 없다. '급진적 변화가 부족하면 뜻을 이루지 못한다'(Imparato, Harari, 1994:14).'

『변화를 추구하라』는 변화와 혁신적인 사고를 함으로써 규범 혹은 습관에 얽매이지 않는 방식으로 조직이 성공할 수 있는 모형을 제공한다. 이는 조직이 시그모이드 곡선(sigmoid curve : S자 곡선)과 같은 생명 주기를 갖는다는 일반적인 기업의 발달 개념을 반박한다. 이 이론에서 기업은 S자 곡선의 아래에서 출발해서 서서히 상향하다가 서로 다른 곡선을 그리면서 결국 꼭대기 지점에 도달하게 된다.

이 모형에 따르면 성공한 기업은 동일한 곡선을 그리게 된다. 즉 성공했던 방식 그대로 반복적인 방식을 답습하며 지속적으로 성공했던 내용을 더욱 늘려간다. 그렇지만 최근 조사서는 성공적인 기업은 실제로 필요할 경우 과거의 업무 패턴을 버린다는 결과를 보여 주고 있다. 그러한 기업의 리더는 낡은 업무방식을 버리고 새로운 방식을 수용해야 할 정확한 타이밍을 알아낸다. 이것이 바로 Imparato와 Harari(2007)의 '변화를 추구하라' 이론이다.

'변화를 추구하라' 이론에서 조직은 우선순위를 안정에서 혁신으로 이동해야 한다. 여기에는 통제 혹은 명령보다는 혁신과 창의력이 시장에서의 생존과 수익성을 결정짓는 주요한 잣대임을 인식해야 한다. Imparato와 Harari(2007)는 조직의 제1원칙을 '미래의 고객을 예측하라'고 제시한다. 제2원칙은 직원의 '축적된 지식'으로 조직을 구축하라고 한다. 그렇게 하기 위해 조직의 우선순위는 부피와 크기를 키우기보다는 능력을 키우는 방향으로 전환해야 한다. 이 책에서도 동의하는 것처럼 그들은 그러한 지식창출이 변화의 관건이라고 주장한다.

미래의 성공적인 기업은 고객을 만족시키고 소중히 여기는 기업 구조와 문화를 발전시켜야 한다. 변화를 추구하라의 제3원칙과 제4원칙은 '조직의 가치와 이상에 맞게 일을 하는 사람이 가장 가치 있는 사람임을 보장하고', '고객은 서비스와 상품 품질의 최종 조정자로 완벽한 만족을 위해 무조건적인 보증을 제공받는다'(Imparato and Harari, 2007:76)라는 것이다.

'변화를 추구하지 않는' 대가는 자명하다. 예를 들어, 막스앤스펜서 기업의 경우 변화하는 환경 속에서 오래된 패턴과 전통적인 기업 운영방식을 고수한 결과 시장 점유율을 잠식당했다는 것을 알 수 있다. Bevan(2007:5)은 다음과 같이 요약한다.

막스앤스펜서는 114년의 역사를 자랑하며 세계에서 두 번째로 수익성이 높았고 하버드 경영 대학원의 세 번의 사례연구 주제이기도 했다. 또한 수출 목표달성으로 퀸즈 상(Queen's Award, 역자주 : 영국경제에 기여한 기업에게 수여하는 상)을 다섯 번 수상하였고, 장식장은 경영 우수상 트로피로 가득 채워졌지만, 결국 빙산을 향하여 최고 속도로 내달리고 말았다.

1990년대 초 경기 침체기에 경쟁에 다시 불이 붙었지만, 막스앤스펜서는 이를 거의 알아차리지 못했다. 무사 안일주의, 경쟁에 대한 무감각, 혁신의 부족(특히 신기술), 소극적인 리더십 스타일로 무슨 일이 있더라도 기업의 전통적인 가치를 지키려는 데 매달리는 등 이러한 모든 문제들이 혼합되어 있었다. 이 기업은 회사의 몰락이 다가올 때도 리더십 승계 계획에는 전혀 관심이 없었으며, 모든 증거가 악화되고 있다는 것을 보여 줄 때조차도 기업이 잘 돌아가고 있다고 확신했다.

막스앤스펜서의 신임 회장은 다음과 같이 지적했다. '매일같이 창밖으로 세상을 살펴보지 않으면 세상은 너를 피해 지나갈 것이다.' 회사를 살리려면 단순히 안전한 과거 속으로 회귀해서는 성공할 수 없으며 보다 강력한 조치가 필요하다고 주장했다. 막스앤스펜서가 완전하게 변화했는지의 여부는 아직 확실하지 않지만, 모든 신호가 매우 긍정적이고 또 다른 실패를 보여 주는 것은 아니라고 제시해 주고 있다. 시장에서 그들의 위치가 튼튼해졌지만, 실패했던 기억은 이들이 어느 정도 성공을 거두더라도 얼마 동안 뇌리에 머무르게 될 것이다.

반대로, 모토로라는 변화를 추구하는 데 있어서 매우 능숙한 기업으로 손꼽힌다. 1928년 자동차 라디오 제조업체로 창립한 이래 모든 기술적 변화를 성공적으로 이끌었다. 자동차 라디오에서 무전기, TV, 통합 회로, 마

이크로칩, 무선 통신 사업으로 변신하였다. 오늘날에는 세계에서 가장 규모가 크고 수익성이 높은 휴대전화 통신 업체가 되었다.

그러면 이러한 사례들이 학교조직에 주는 시사점은 무엇일까? 여기서 수익이 주요 동기 유발 요인인 비즈니스 세계와 지나치게 비교하면 안 될 것이다. 그러나 비즈니스 세계의 실례들은 미래의 학교를 위해 두 가지 시나리오를 제공한다. 하나는 환경의 변화에도 불구하고 현재의 방식을 고수하는 것이며, 이는 조직을 구하기 위해 굉장한 변화가 요구될 것이다. 두 번째 시나리오는 적절한 시기에 철저히 계산된 과감한 변화를 추구하여 조직을 보호하고 미래를 안전하게 지켜 내는 것이다.

앞의 사례들이 제시해 주는 시사점은 너무도 분명하다. 학교에서 실행되고 있는 기존의 리더십을 손질하고 조절하거나 수정할 시간이 점점 줄어들고 있다. 낡은 체계는 외부 환경의 압력과 더 높은 성과의 요구를 받으면서 사면초가의 상태에 놓여 있다. 기대치를 높이고 간격을 좁혀서 다른 조직과 마찬가지로 학교도 사회와 연계하여 효과적이고 통합적으로 변화시키려면 '변화를 추구해야' 한다.

따라서 과거의 실행에서 벗어나서 과거와 단절해야 한다. 그렇다면 학교를 재설계하고 변화를 받아들일 자세를 갖추고자 우리는 현재 무엇을 하고 있는가? 앞으로 10년 동안 영국 전역의 학교를 대상으로 막대한 자본 투자 프로그램이 계획 중에 있다. 이번 프로그램으로 인해서 얼마나 진정한 학교를 다시 한 번 생각하게 해 줄 중대한 기회가 될 수 있을 것인가? 21세기에 학교는 어떤 역할을 해낼까?

미래 지향적인 학교 건설

미래 지향적인 학교 건설(Building Schools for the Future : BSF)은 자본 투자의 새로운 방식을 보여 준다. 향후 몇 년 동안 건물과 정보 통신 기술에 막대한 투자를 통해 정부의 교육개혁 방안을 지원한다. 정부는 2005, 2006년에 약 30억 파운드라는 상당한 예산을 지방 정부와 학교에 위임하여 학교 건물 유지 및 개선에 지출하기로 했다. 그러나 예산 편성의 단계 변화에 질적 향상을 요구하고 있다. 이것이 바로 BSF의 중점 사항이다.

BSF는 첫해(2005, 2006) 22억 파운드를 편성했다. 목표는 중등학교 학생들이 21세기형 시설에서 공부할 수 있도록 하는 데 있다. 투자는 15차례에 걸쳐 영국의 모든 지역에 분산될 예정이며 미래의 공공 예산 지출 결정에 따른다.

- 2011년까지 영국의 모든 지방정부는 가장 큰 도움이 필요한 학교가 소폭으로나마 개선할 수 있도록 예산을 받게 될 것이고, 많은 학교들의 재건축과 리모델링 프로젝트(최소한 학교 세 곳)가 BSF 계획에 따라 진행될 예정이며, 나머지 학교는 아카데미 프로그램 혹은 목표자 본기금(Targeted Capital Fund)에 따라 자원을 지원받게 될 것이다.
- 2016년까지 주요 재건축 및 리모델링 프로젝트(최소한 학교 세 곳)가 모든 지방 정부에서 시행될 것이다.

문제는 새로운 계획이 얼마나 급진적인가에 있다. 새로운 건물이 미래 학생들의 학습 욕구를 얼마나 반영해 줄 수 있을까? 새로운 조직 체계가 현재로서는 상상할 수 없는 기술 진보를 수용할 만한 융통성을 어느 정도 제공하게 될까? 학교의 건설로 미래를 보장하기보다는 실패할 확률은 어느 정도나 될까?

건축학적으로 보다 흥미롭고 보다 밝고 보다 최신의 기술을 사용하여 학교를 새롭게 짓지만 문제는 '옛날' 방식대로 학교를 짓는다는 데 있다. 즉 본질적으로 외관상 학교는 현대적인 것처럼 보이지만 학교는 여전히 20세기 방식대로 보여지고 있다. 분명한 것은 조직구조가 조직 기능을 강화하기도 하고 제약하기도 한다는 점이다. 또한 혁신과 창의성을 향상시키기도 하고 제한할 수도 있다는 것이다.

제9장에서 미래의 학교는 계층 중심에서 네트워크 중심의 조직으로 변화되어야 한다고 주장했다. 제7장에서는 구식의 관료주의적 리더십은 수평적인 분산적 리더십 형태로 대체되고 있다고 주장하였다. 네트워크 조직인 학교는 Beare(2006:38)가 제시했듯이, '기술 품질, 연구, 개발, 주요 투자에 대한 의사결정 기획, 연수와 협동 활동에 대한 엄격한 통제'에 초점을 두고 있다. 미래의 학교에서 필수적인 생산물은 리더십이며(Toffler, 1985: 129), 이러한 리더십은 조직이 융통성과 변화 대응성을 갖추도록 널리 분산될 것이다.

'미래의 학교'는 영구적인 공장 같은 건물이 필요하지 않지만, 우리는 그런 시설을 만드는 위험에 처해 있다. Beare(2006:39)는 다음과 같이 경고한다.

> …기능장애는 아니더라도 억제시킬 수 있다는 전제들은… 학생들이 대부분의 시간을 사방이 막힌 공간에서 공부하는 건 비생산적이다. 왜냐하면 학습이란 어디서나 일어날 수 있는 일이고, 종종 캠퍼스 밖에서 혹은 일반적으로 학교라고 할 수 없는 곳에서 일어날 수 있다. 컴퓨터 사용, 휴대용 컴퓨터(랩탑과 노트북), 손에 들고 사용할 수 있는 기계들 및 휴

대용 디지털 저장 공간은 상호 연계된 학습 사이트와 인적자원의 네트워크를 통해 학습을 가능하게 만들어 준다.

요약하면, '학교가 어떻게 변화에 뛰어드는가'를 명확하게 대답해 주기는 불가능하지만 새롭게 '구식 건물을 짓는 건 아니다'라고 명확히 말할 수 있다. 또한 새로운 '구식' 학교를 지향하는 리더십은 결코 교육의 변화를 가져오기 쉽지 않다는 것도 자명하다. Wheatley(1999)가 주장했듯이, 조직을 구조화하는 현재의 방식이 시대에 뒤떨어지고 많은 조직들이 제대로 역할을 못하고 있다면, 미래의 학교와 리더십에 시사하는 바는 무엇일까?

미래의 학교 운영

OECD의 2005년 보고서인 '미래의 학교(Schooling for Tomorrow)'를 보면 미래의 학교 운영에 대한 여섯 가지 시나리오를 제시한다. 이들 시나리오는 그림 설명 혹은 이야기로 구성되어 개인 혹은 조직이 폭넓은 상황에 대한 복합성과 불확실성을 이해하도록 돕고 있다. 시나리오는 조직이 스스로 미래를 대비하도록 도와주고자 하는 것이므로 잠재적 위협은 피하고 기회는 잡을 수 있다. 처음 두 개의 시나리오는 현 상태를 유지하는 데 초점을 두고 있다. 그 다음 두 시나리오는 재학교화(re-schooling), 나머지 두 시나리오는 탈학교화(de-schooling)에 초점을 두고 있다.

OECD(2005:6-11)가 발표한 여섯 가지 시나리오를 요약하면 다음과 같다.

- **관료주의적 학교 체제의 존속** : 획일성에 대한 압력이 크고 급진적인 변화에 저항하는 강력한 관료주의적 체제가 지속된다는 가정을 근거로 한다. 이 시나리오에서 학교들은 별개의 기관으로 복잡한 행정 체제가 얽히고 설켜 있다. 효율성에 대해 매우 강조하면서 행정과 책무성 압력을 다루는 역량이 우선시된다.

- **교사들의 탈출 — 붕괴 시나리오** : 교사의 낮은 사기로 인해 가중된 교사의 노령화와 더불어 졸업 후 더 매력적인 다른 직업에 대한 좋은 기회로 인하여 교사들이 부족하게 됨으로써 중대한 위기가 닥친다는 사실에 근거한다. 이 시나리오에서 위기관리가 지배적이며 안전한 사고방식이 만연한다.

- **사회의 핵심인 학교** : 이 시나리오에서 말하는 학교는 사회, 가정, 지역사회 세분화에 따른 가장 효과적인 성곽으로 널리 인정받고 있다. 현재 학교는 지역사회의 공동 과제로 규정되고 있으며, 이는 학교와 공동체 간의 책임감을 공유하는 결과를 가져온다. 학교는 다양한 지역 공동체의 관심사와 역동적으로 상호작용하기 때문에 경영과 리더십이 복잡하다. 리더십은 폭넓게 분산되며 집단적이라고 할 수 있다.

- **학습조직에 초점을 둔 학교** : 고도의 실험정신, 다양성, 혁신의 문화 속에서 사회 의제보다는 지식 의제를 중심으로 새로운 활기를 불어넣고 있다는 것을 의미한다. ICT가 전통적이거나 새로운 다른 학습 미디어와 함께 광범위하게 활용된다. 지식경영이 중심이며 거의 대다수의 학교가 스스로를 '학습조직'으로 생각한다. 학교는 수평적인 구조로 팀, 네트워크 등 다양한 전문적인 자원을 활용한다. 의사결정은 학교와 전문가를 중심으로 다른 이해관계자나 기관들이 밀접하게 참여한다.

- **학습 네트워크와 네트워크 사회** : 다수의 학습 네트워크를 선호하여 강

력하고 저렴한 ICT의 확대 가능성이 촉진됨으로써 학교의 기능이 약화된다는 것을 제시한다. 제도권 해체, 심지어 학교 체제의 해산은 신흥 '네트워크 사회'의 부분이라고 할 수 있다. 서로 연동되는 네트워크를 통한 학교교육으로 인해 권한은 폭넓게 분산되고 확산된다. 더이상 특정 전문직인 '교사들'에게 의존하지 않으며, 역할의 경계가 붕괴됨으로써 더 이상 교사에게 의존하지 않는다. 지역사회 이해관계의 네트워크를 통해 타문화와 가치관에 대한 학습에 대해 보다·많은 관심을 기울인다.

- **시장 모형의 확대** : 정부가 시장 주도의 폭넓은 변화 환경 속에서 다양성을 장려함에 따라 교육 분야에서 기존에 존재하던 시장의 특징이 매우 확대되고 있다. 학교 운영을 공공 및 개인의 이익으로 간주하는 문화에서 '전략적 소비자'의 불만으로 인해 촉발된다. 많은 새로운 공급자들이 자금 조달 구조, 인센티브, 규제의 개혁으로 교육시장에 유입된다. 기업가적인 경영방식이 보다 자명해지며 공립교육 당국의 역할이 줄어든다. 공무원, 일반인, 전임, 파트타임의 새로운 교육전문가가 교육시장에 나타나게 되며, 가장 중요한 교육은 선택과 수요로 결정된다.

많은 학교가 이미 사회의 핵심 센터로서 역할을 하고 있다는 증거가 있다. '아동 인권 운동'과 '확대된 학교'의 수요는 다른 조직과 함께 더 다양한 기관이 참여하여 더 많은 파트너십 연구를 필요로 하게 되었다. 또한 학교가 학습조직 중심으로 운영되며 학습 실제에서 창의적이라는 증거가 있다. 이미 많은 학교들이 정교한 네트워크로 운영되고 있다는 것은 분명하다. 아직은 다섯 번째 시나리오와 동일하지 않을 수도 있지만, 틀림없는 미래의 학교교육의 현실을 보여 준다.

학교는 이미 네트워크의 기능을 하고 있으며 연합을 형성하여 운영하고 있고 공동체 파트너십을 발휘하고 있다. 영국에서는 네트워크와 학교 주도의 시스템 변화에 대한 사례가 '선도 세력(Leading Edge)'에 요약되어 있다. 선도 세력 파트너십 프로그램은 2005년 특성화 학교 프로그램과 일맥상통한다. 이 프로그램은 우수특성화 학교로 갈 수 있는 선택권 중 하나이며 현재는 유일한 루트이다. 선도 세력 파트너십 프로그램은 교육 제도가 직면한 가장 중요한 교육 문제의 일부를 협동하여 해결하려는 중등학교 프로그램이다. 이들 파트너십은 다음과 같은 내용에 중점을 둔다.

- 학교 수준을 높이려고 노력하는 학교의 성과 향상
- 사회·경제적으로 빈곤층 및 특정한 소수인종 집단 출신의 학생 중에서 일정 수준 이하의 학업 성적 문제를 해결하여 학업성취도 간격 줄이기

100여 개의 지방 정부에 걸쳐 215개의 선도 세력 파트너십이 현재 진행 중에 있다. 이들의 임무는 협력적, 집단적 그리고 분산적 리더십을 통해 시스템 차원의 변화를 꾀하는 데 있다. 최근 연구에 따르면(Harris et al, 2007a), 분산의 정도가 성공적인 사회 중심으로서의 학교를 만드는 데 중요한 요소라고 강조하고 있다. 가장 효율성이 떨어지는 학교의 경우, 혁신보다는 통제에 목표를 둔 리더십 구조로 융통성이 떨어지는 경향이 있었다. 반대로, 효율성이 높은 학교는 지원스태프와 확장된 리더십팀의 확대라는 특징이 있다.

가장 효율성이 높은 학교에서는 새로운 역할, 새로운 책임감, 새로운

팀, 새로운 운영방식을 스스로 입증하는 새로운 리더십 구조를 탄생시켰다. 새로운 리더십 구조, 채널, 과정에 관심을 두지 않는 학교에서는 개선의 기미가 전혀 없었다. 요약하면, 리더십 실행이 목적에 적합하지 않았고, 학교가 변화하는 외부 환경의 새로운 요구와 조건을 수용할 수 없게끔 꽉 막힌 리더십 구조로 갇혀 있었던 것이다.

기계적인 조직에서 유기적인 조직으로

대부분 조직 전문가들은 21세기 조직은 기계적이기보다는 유기적일 것이라고 하였다. 본질적으로 유기적 조직은 상호 지원이 상호 생존을 보장해 주는 유기체이다. Wheatley(1999:7)는 '우리는 21세기의 새로운 조직 형태를 발견하고 만들어 가는 과정을 이제 막 시작하였다'고 제시하고 있다. 맞는 말일 수도 있다. 그러나 우리는 21세기 조직이 지녀야 할 몇 가지 아주 명백한 기본 원리에 관한 지표들을 가지고 있다.

미래의 조직은 전체 시스템으로 이해될 필요가 있을 것이고, 조직은 네트워크를 형성하게 될 것이며, 그러한 네트워크 내에서 관계에 초점이 맞추어질 것이다. Wheatley(1999:11)가 지적하듯이, 양자(quantum)의 세계에서 관계가 모든 것의 주요한 결정 요인이다. 이 장의 앞부분에서 언급했듯이, 조직 이론은 현재 과학의 영향을 받고 있으며 시스템의 생존과 성장은 시스템 내의 개인에 대한 높은 수준의 자율성과 결합하여 복잡한 네트워크에 의해 유지된다. 거대한 생태계에서 가장 작은 미생물 집단에 이르기까지 상호 의존성, 자율성, 변화에 대한 적응성은 시스템 설계의 주요 원리이다.

Beare(2006:64)는 미래의 '학교'에 대한 수많은 특징을 제공하는데, 조직을 '생명체'로 간주하는 개념과 일맥상통한다. 이러한 특징은 다음과 같이 적용된다.

1. **국경 없는 학교** : 시설이 완비된 자립형의 독립된 학교를 프로세스 지향적이고 탐구 가능한 교육 중개 기업으로 대체하며 장소, 기관, 인력 네트워크를 통해 학생 개개인에게 프로그램을 제공한다.

2. **기술 환경** : 책과 종이로 가득했던 학교는 전체적으로 전산화되었고, 행정 처리는 모두 IT 기반으로 대체된다. 또한 모든 학생과 학습공간은 컴퓨터를 사용할 수 있도록 시설이 갖추어져 있으며, 모든 성적 관리와 학습결과는 일괄적으로 저장되며 네트워크로 접근이 가능하다.

3. **네트워크로 연결된 교육과정** : 낡은 과정과 단계, 직선적이고 연령과 연관되며 과목 지향적인 교육과정은 능력, 사고력, 새로운 정보 개발에 근거하여 사고형 교육과정으로 대체된다.

4. **학생의 그룹** : 동일 연령별 학급에서 학습 욕구, 지역, 학습 지향성에 따라 학급을 나눈다. 교육 제공은 24/7(휴일이 없는 학교)이 가능하다.

5. **교원의 다양성** : 교육과 학습을 지원하는 노동력은 다양하며 여러 기관의 지원과 제공을 포함한다. 지원의 구성은 학생이 이끌며, 온라인과 일대일 교육의 포트폴리오는 개인 학습자의 기록을 보관한다.

6. **네트워크로 형성된 리더십 구조** : 낡은 조직 체계는 사라진다. 학교를 운영하는 기업은 현재 네트워크 조직으로 자유롭게 이동하며 경계선이 모호하고 상호작용으로 조직되며 전략적 제휴와 파트너십으로 업무를 교환한다(Beare, 2006:66).

미래의 학교는 위성 조직 혹은 부속 단위로 기능을 수행하는 조직이 될 듯하다. 각 조직은 자체적인 팀과 운영방식이 있다. 일부 조직은 확대된 공동체 서비스를 통해 급진적으로 다양화될 것이다. 일부 조직은 전문가의 요구에 최상으로 자원과 기관을 함께 이끌고 전문적으로 다룰 것이다. Bearse(2006)가 지적했듯이, 일부 학교는 부속 캠퍼스를 운영하고 평생학습 프로그램 혹은 취업 훈련을 제공할 것이다. 통일성보다는 다양성이 미래 학교의 슬로건이 될 것이다.

조직화는 학습의 극대화와 같은 조직의 핵심 목적을 연계하고 보호하는 리더십팀을 통해 이루어질 것이다. 이들 팀은 장소의 측면에서 느슨하게 연계가 될 것이고, 핵심 목적과 전문적 기준의 측면에서는 단단히 연계가 될 것이다. 미래 학교의 리더십은 폭넓게 분산될 것이다.

미래의 리더십

유동적이고 경계 없는 미래의 조직에서 리더십은 어떤 모습을 하고, 어떤 기능을 하고, 어느 위치에 있게 될까? 낡은 조직과 리더십 모형을 고수하려는 이유는 새롭게 진행하는 것(letting go)이 혼란이나 무질서를 가져올수 있다는 믿음 때문이다. 그러나 자연계에서 무질서는 새로운 질서의 원천이다.

Prigogine(1985)은 다른 형태의 쇠퇴 혹은 손실에서 도출된 새로운 형태를 설명하고자 '낭비구조'라는 용어를 사용한다. 수상 경력이 있는 화학자인 Prigogine(1985)은 낭비적인 활동 혹은 손실이 새로운 질서의 창조에 필요하다는 발견을 했다. 낭비는 시스템의 종말을 초래하는 것이 아니고, 시스템이 현재 형태를 바꾸도록 하여 환경의 변화로 인한 요구에 적절한 형태를 재구성하고 재조직할 수 있는 과정의 일부이다.

새로운 형태의 조직 행동을 발전시키려면 리더십은 그 어느 때보다 중요성을 띠게 된다. 영향력의 구성 혹은 양식은 조직의 특성과 조직의 결과를 결정하게 된다. Wheatley(1999:131)는 다음과 같이 제시한다.

> 혼란이 문을 쾅 하고 두드리고 방 근처로 우리를 던져버릴 때 명백한 원칙이 충분하다고 믿기 힘들다. 혼란스러운 세상에서 우리는 리더가 필요하다. 그러나 보스는 필요하지 않다. 우리는 혼란한 어둠 속을 밝혀 주어 분명한 정체성을 유지하도록 도와줄 리더가 필요하다.

리더가 새로운 조직 형태의 변화에 영향을 미치고자 하는 경우, 그들은 관계의 망 내에서 일하고 있으며, 시스템을 변화시키고자 '그 자체에서 스스로 많은 것을 배워야 한다'는 것을 기억해야 한다(Wheatley, 1999:131). 미래의 리더십은 환경 및 고객과 더욱 연계될 것이고 시스템 속의 곳곳에 있는 사람들과도 더욱 연계될 것이며, 주요 목적이 변화를 촉진하는 데 있다는 걸 더욱 잘 알게 될 것이다.

새로운 과학 내에서, 유기 시스템 이론, 양자 물리학, 혼란과 복잡성 이론 속에서 우리는 생명체의 참여 의존성을 관찰할 수 있다. 현실에서 참여의 본질은 우리가 관계, 상호작용, 상호 의존성에 더욱 관심을 기울여야 한다는 의미이다. Wheatley(1999:164)가 지적하듯이, '관계를 갖지 않는 존재는 없다. 아원자 입자 혹은 인간사든 어떤 것을 살펴보아도 마찬가지다.'

미래의 리더십은 리더십 기술, 역량 혹은 능력보다는 주로 참여 및 관계와 연계되어 있을 것이다. 미래 지도자는 조직의 전반에 퍼져 있을 것이며, 새로운 지식, 새로운 깨달음의 방식, 새로운 행동의 방식을 끊임없이 양성하고 가속화할 것이다. 미래의 리더십은 새로운 조직의 형태 내에서 요구되는 조직설계와 리더십 형태에 대한 사고의 급진적 전환이 필요하다.

미래의 리더십은 광범위성, 역동성, 공동성, 분산, 대응력이 필요하다. 리더십 실행은 상호작용과 영향력의 복잡한 틀 속에 자리하게 될 것이다. 여기서 리더십은 확대하거나 공유하는 리더십이라는 Spillane(2006)의 분산적 리더십에 대한 특별한 개념에 동의한다.

미래의 리더십은 다음과 같은 특징을 갖는다.

• 개인주의보다는 집단주의

미래의 리더십은 개인보다는 다수의 리더십이라고 전제될 것이다. 조직이 더욱 복잡해지고 분산되고 네트워크가 형성될수록 지시의 형태와 영향력은 재빠른 변천과 변화하는 환경에 대응해야 할 것이다. 리더십에 대한 다양한 근원이나 핵심은 변화에 민감하고 대응하기 위해 조직 내부에 필요하게 될 것이다.

• 포용성, 융통성, 자기 쇄신

미래의 리더십은 더 이상 고정된 역할과 책임감으로 나눠지지 않을 것이다. 리더십 책임감의 패턴은 되풀이될 것이다. 리더십 기능과 행동은 조직의 요구에 좌우되고, 리더십 활동의 패턴은 특정 쟁점 혹은 개발 지역에 따라 재편성 및 재결집이 원활하도록 융통성이 있을 것이다. 리더십의 전문성과 능력에 대한 새로운 정보원이 조직 내에서 적극적으로 추구됨에 따라 미래의 리더십은 자기 쇄신을 할 것이다.

• 내적 요구에 대한 대응성

미래의 리더십은 외적 환경만큼이나 내적 요구의 영향을 받게 된다. 조직 내부의 변화에 매우 민감하게 된다. 리더십 활동의 보다 폭넓고 더욱 깊은 형태로 조직의 어떠한 잠재적 불안정에 대한 신호를 조기에 잡아낼 기회가 더 늘어날 것이다. 리더십의 관계적 측면에 중점을 더욱 높임으로써 잠재적 문제를 조기에 파악하고 기회를 빠르게 포착하게 될 것이다.

• 결과보다는 교육 지향적

미래의 교육 조직은 네트워크로 형성이 될 것이고 분산될 것이며 부분적으로는 가상의 조직이 될 것이다. 각 학생들에 맞는 개인별 학습 지원이 제공될 것이며, 개별화시키고 개인화시킨 교육 프로그램이 제공될 것이다. 그러므로 미래의 리더십은 교육 네트워크의 여러 파트에 걸쳐 시너지와 연계성을 극대화하는 데 주로 관여하게 된다. 초점은 조직만의 지식을 창출하는 능력은 물론 학습 제공의 품질, 특성, 정도에 중점을 두게 된다.

• 다층 구조이고 네트워크로 형성된 미래의 리더십

미래의 리더십 패턴은 공급 네트워크의 구성으로 결정된다. 미래 조직의 복잡한 특성은 지역, 국가, 전 세계적으로 다층 구조이면서 네트워크가 형성이 된다는 것을 의미하게 된다. 리더십 활동의 공조는 수직보다는 횡적으로 이루어질 것이며, 리더십 기능과 책임감은 조직의 요구에 따라 변동하게 된다. 리더십 패턴은 조직 내부에서 영구적이지 못할 것이다.

• 리더십 역할보다는 역량 위주

새로운 조직 형태 내부와 그 사이에서 리더십 역량과 능력 구축에 주로 중점을 두게 된다. 광범위한 리더십은 고도의 참여, 자율성, 의사결정 책임감이 보장되어 리더십 능력을 극대화하도록 관심이 집중될 것이다.

• 새로운 리더십 공간의 추구

미래 리더의 주요 목적은 새로운 리더십 능력을 창출할 기회를 추구하는 데 있다. 새로운 지식이 형성되고 새로운 실행이 개발되는 조직 공간을 추구하게 된다. 암묵적 지식을 명시적 지식으로 탈바꿈하는 방법을 모색하고 조직 내부에서 지식 전달에 집중하게 된다.

• '미래형'보다는 '적합성'이 우선

미래의 리더십은 어느 한 시점에 조직의 요구에 적합한 패턴으로 맞춰지게 될 것이다. 초점은 '미래형'보다는 '최적의 적합성'을 우선으로 둔다. 그런 까닭에 더 이상 조직에 적합하지 않는 리더십 실행은 폐기되고, 새로운 리더십 구성은 조직의 새로운 요구를 충족시키기 위하여 조합되거나 재구성될 것이다.

• 혁신을 중심부에

미래의 리더십은 궁극적으로 '고객보다 한발 앞서게' 된다. 주로 지식의 창출과 관련되고, 조직이 경쟁우위에 남아 있도록 혁신을 이루어 내는 데 관심을 기울일 것이다. 이를 교육조직에 적용해 보면, 교육이 모든 학생들에게 극대화되도록 조직의 재설계에 지속적으로 참여한다는 의미이다.

• 대외지향 주의, 전향주의, 분산주의

궁극적으로 미래의 리더십은 변화하는 외부 환경을 지속적으로 모니터해야 한다. '창문 밖을 바라봐야 하며' 변화하는 경향을 주시해야 하며 조직이 전략을 재고하거나 입지를 다시 세워야 하는 지표를 주시해야 한다. 내부 리더십 패턴, 관계, 연관성은 단호하고 즉각적으로 대응하도록 최적의 준비를 갖추어야 한다. 요약하면, 미래의 리더십은 적극적이고 목적을 가지고 주의 깊게 분산되어야 한다. 즉 미래의 리더십은 조직의 욕구에 맞도록 조정되고 분산되어야 한다.

분산적 리더십은 조직 내부에 있는 모든 사람들이 리더십의 자질과 능력을 갖추고 있다는 의미를 함축하고 있지만, 실제로는 리더십을 조직의 특정한 요구들과 발달 단계에 맞추어 발전시켜야 한다. 환경, 요구, 상황에 따라 좌우될 것이다. 분산적 리더십은 필연적으로 다른 상황에서는 다른 모습으로 비춰질 것이다. 또한 네트워크 내부와 전역에 걸쳐 내적인 다양성과 활동의 변화를 반영할 것이다.

미래 지도자는 파트너와의 협력을 허용하는 기술 내용이 필요하다. 그들은 학교와 다양한 파트너의 욕구를 충족시킬 결단력 있는 방법으로 리더십을 분산해야 한다. 새로운 전략을 개발하여 새로운 파트너를 발굴하고 사로잡으며 유지하도록 한다.

학교의 구성요소에 대한 생각은 극적이고 수정 불가능한 방식으로 변화를 겪고 있다. 학교는 다른 학교, 외부 기관, 기타 조직과 협력하여 보다 확대된 파트너십을 지향함에 따라 필연적으로 도전과 급속한 변화의 시기를 겪게 된다. 의사결정 과정에 서비스 이용자(부모와 학생)의 폭넓은 참여는 역할과 책임감에 대한 신중한 협상이 요구된다. 변화는 점진적이거나 임시로 일어나지 않는다. 그보다는 상당한 경영쇄신, 전문적인 경계선과 실행의 변화가 있어야 한다.

미래의 학교 지도자가 성공하려면 변화와 발전을 장기적인 관점에서 바라볼 줄 알아야 한다. 미래 지도자의 과제는 현 상황을 희생하지 않고 변화를 장기적인 관점으로 바라볼 줄 알아야 하며, 일관성을 유지하면서 능력을 구축할 줄 알아야 한다. 학교 리더는 앞으로 몇 년 동안 시스템 전반에 걸쳐 불확실성과 격변하는 변화 속에서 일하게 될 것이다. 즉 새로운 방식의 작업은 물론 일부를 포기하거나 청산하는 것을 의미할 수도 있다.

교육의 전환은 보다 큰 사회적 변화와 공공 부문의 개혁과 동떨어져 일어날 수 없다. 현재 진행 중인 구조 및 문화적 변화는 상당하고 끊임없이 일어나고 있으며 궁극적으로 협상을 할 수 없는 상태이다. 그러한 대대적인 변화는 장벽과 장애물이 필연적으로 존재하며 변화의 과정을 방해하게 된다. 따라서 형태와 맥락을 불문하고 학교의 욕구와 잘 어울리는 리더십을 보다 철저한 계획 하에 분산해야 한다.

리더십을 분산적 시각에서 고찰한다는 것은 지위나 역할보다는 관계 활동(즉 상호 질의, 대화, 파트너십)에 근거를 둔다는 의미를 지닌다. '리더십과 조직 성장이 충돌하는 곳에서 말 그대로 이산되거나(dispersed) 분산된다'(Hopkins and Jackson, 2003: 13). 매우 실용적인 측면에서, 이는 성장할 수 있는 내적인 조건이 창출되어야 한다. 집단이 만나서 계획하고 검토할 수 있는 시간, 공간, 기회를 만들어 내야 한다. 리더십 활동의 참여 인원을 다수로 확보하는 게 분산적 리더십의 핵심이다. 다음의 질문들을 생각해 보자.

- 조직 내에서 리더십이 보다 집단적이고 공유되며 분산적인 활동이 되려면 어떻게 해야 하는가?
- 분산적 리더십으로 인해 일어날 문제들은 어떤 것이고 그것들은 어떻게 극복해야 할 것인가?
- 조직 내부에서 리더십 잠재력은 어디에 있는가? 어떻게 해방시킬 수 있을 것인가?

맺음말

단 한 명의 리더를 통해 학교를 개혁하겠다는 희망은 빠르게 쇠퇴하고 있다. 특별한 비전과 행동을 지닌 강력한 지도자는 존재하지만, 불행히도 오늘날 학교가 처한 도전과 수요를 충족시킬 만큼 충분한 숫자는 아니다. 대안적인 리더십 개념은 공유한 활동 및 책임감에 대한 다양한 차원의 관점에서 이해되는 곳에서 찾을 수 있다.

보건, 교육, 비즈니스, 교육의 네 가지 부문에서 성과가 매우 높은 조직에 중점을 둔 연구의 초기 증거를 살펴보면, 리더십은 변환 과정의 중심에 자리하고 있다는 것을 나타낸다. 기대 이상의 성과를 내는 조직들은 연령 혹은 근무 경력에 상관없이 최고의 지도자를 중요한 책임감을 가지는 자리에 앉힌다는 것을 보여 준다. 또한 리더십이 조직 내부에서 최대의 이익을 가져오는 조직의 하부 구조를 만들어 낸다. 그들은 의도적으로 리더십이 실력을 발휘할 수 있도록 조직의 '공간'과 기회를 만들어 준다.

분산적 리더십과 조직변화 간의 긍정적 관계를 제시하는 경험적인 지지 근거가 몇 가지 있다. 그러나 Timperley(2005:417)가 지적하듯이, '리더십 분산의 증가는 리더십 활동의 질이 교사가 보다 효과적으로 학생들을 지도할 수 있도록 지원하는 데 기여한다면 바람직하다.' 이로써 교육의 도덕적인 목표를 되돌아보게 된다. 우리가 지지하는 리더십의 형태가 무엇이든 확신을 가질 필요가 있는 것은 주로 리더십이 학습에 긍정적인 영향을 미치기 때문이다.

표준화가 제품의 만족도를 충족시키지 못하는 시대에, 새로운 공공관리의 목적을 달성하고자 분산적 리더십이 너무 쉽게 이용될 수 있다고 일부에서 경고하고 있다(Fitzgerald and Gunter, 2007). 교사가 구미에 맞는 협동의 대화 속에서 더 많은 일을 하도록 하는 또 다른 방식이 될 수도 있다. 또한 직접적인 강요보다는 차라리 명백한 민주화의 틀 속에서 책임성에 대한 요구를 충족시키는 수단이 될 수도 있다.

현재까지의 증거를 종합해 보면, 리더십은 학교 내부와 학교 상호 간에 목표달성의 또 다른 수단이 아니라 교육을 향상시키는 수단으로 분산되므로 이러한 위험들은 나타나지 않는다. 그러나 분산적 리더십이 악용될 소지를 간과하거나 과소평가해서는 안 된다.

학교는 네트워크, 연합 및 다른 형태의 파트너십 속의 에너지를 도전, 혁신, 변화의 경계선까지 밀고 나가도록 협력할 필요가 있다. 분산적 리더십은 단순히 목표를 달성하는 수단 혹은 정부가 정해놓은 차기 요구사항을 충족시키는 수단이 되어서는 안 된다. 변화라는 과제는 학교 주체로 학교 주도 하에 이루어져야 한다.

변화라는 과제 속에서 분산적 리더십은 이로운 것도 해로운 것도 아니다. 이것은 상황에 따라 다르다. 리더십이 분산되고 분산의 주요 목적이 담겨 있는 맥락에 좌우된다. 계급 구조의 타파 혹은 직무의 위임은 반드시 분산적 리더십과 동등하다거나 실제로 분산적 리더십을 가져온다고는 할 수 없다. 체제의 몰락이 자동적으로 혹은 필연적으로 조직의 성과를 향상시키는 것은 아니다. 리더십 실행의 특성과 품질, 학습에 미치는 영향력이 무엇보다 중요하다.

시스템 변화는 리더 혹은 학교의 단독 행위로 이루어지지 않는다. 많은 부분들이 리더십 및 전문지식을 공유하고, 문제를 해결하기 위하여 새로운 네트워크, 파트너십, 제휴 혹은 연합의 형성에 의존할 것이다. 시스템 전환은 리더십이 분산되고 학교 내부, 상호 간, 외부와의 협동하는 방식에 따라 좌우된다.

그렇다면 그 결과는 어떻게 되는가? 일부에서는 학교 운영의 현실에서 동떨어진 추상적인 영역 속으로 분산적 리더십을 이끈다. 또 다른 일부에서는 리더와 추종자와의 관계를 당연시하는 이해에 맞서는 대안주의적 시각을 통해 리더십을 고찰할 현실적인 가능성을 제공해 준다. 추종자들은 실제로 리더와의 상호작용을 통해 리더십 실행을 규정하는 데 주요한 요인이 될 수 있다고 제시한다.

글로벌 시대에 교육개혁의 이해, 분석, 의미 전달이라는 새로운 방식이 반드시 필요하다. 학업 성적 격차를 줄여 줄 리더십 활동의 대안적인 형태를 추구해야 한다. 상호적으로 교육의 불평등을 부채질하는 사회의 불평등을 진지하게 다루고자 한다면, 우리는 모든 사람들을 위한 학습의 기회를 향상시키기 위해 더 많은 관심을 기울여야 한다. 이는 학교와 학교를 주도하는 방식을 면밀히 고찰해야 한다는 의미이다.

분산적 리더십은 시스템 전환 혹은 조직 개선에 적합한 만병통치약 혹은 청사진은 분명히 아니다. 이에 대한 연구를 진행한 사람들은 그렇게 되어선 안 된다고 명확히 하고 있다. 그러나 리더십에 대한 많은 이론과 명칭과는 달리, 분산적 리더십은 학교뿐만 아니라 많은 조직에서 일어나는 리더십 실행에서의 변화의 성격을 정확히 파악하고 있다. 요약하자면, 좋든 싫든 간에 학교는 리더십 실행을 재설계, 재정렬, 재형성하고 있다.

분산적 리더십 실행이 학교 내·외 간에 걸쳐 발달되면서, 우리는 이론을 재정비할 필요가 있다. 또한 상이한 형태의 분산적 리더십이 나타나면서 실행에 대하여 더 많이 알아야 한다. 우리는 조직학습에 대한 다른 형태의 분산적 리더십의 영향과 효과를 좀 더 알아야 한다. 궁극적으로, 교육 시스템 내부와 전반에 걸쳐 리더십 역량을 구축하는 것이 목표라면 학습에 최대 효과를 미칠 리더십 실행을 이행할 필요가 있다.

Hargreaves(2007)는 후기 표준화 시대(post-standardisation era)에 공교육의 목적을 시급히 재규정해야 한다고 제안한다. 우리가 학교와 시스템 전환을 신중하게 생각한다면 공교육의 재규정은 최우선 과제여야 한다고 주장한다. 교육자로서 우리는 학습에 다시 초점을 맞추는 목표를 가지고 현재 만연되어 있는 시각에서 벗어날 기회를 가지고 있다. 그러한 변화는 쉽지 않을 것이다. 도전과 위험을 감수해야 한다. 그러나 우리가 대안을 생각한다면 충분히 감수해야 할 위험이다. 이제 변화를 추구할 때가 왔다.

> 이제 위대한 바다의 변화를 기대할 때이다. 일생에 단 한 번은 정의가 일어날 수 있고 희망과 역사가 짝을 이룬다는 것을 의미한다(Seamus Heaney).

Abrahamson, E. (2004). *Change Without Pain*. Cambridge, MA: Harvard Business School Press.

Barber, M. (2007). *Instruction to Deliver*. London: Methuen Press.

Barnard, C. (1968). *Functions of the Executive*. Cambridge, MA: Harvard University Press.

Barr, R.D. and Parrett, W.H. (2007). *The Kids Left Behind: Catching Up the Underachieving Children of Poverty*. Bloomington: Solution Tree.

Barry, D. (1991). 'Managing the bossless team: lessons in distributed leadership'. *Organisational Dynamics*. 21: 31–47.

Beare, H. (2006). *How We Envisage Schooling in the 21st Century*. London: London Specialist Schools and Academies Trust.

Bell, M., Jopling, M., Cordingly, P., Firth, A., King, E. and Mitchell, H. (2006). *What is the impact on pupils of networks that have at least three schools?* Nottingham, UK: NCSL: http://www.ncsl.org.uk/media/02C/23/NLG_rapid_review_full_report.pdf.

Bennet, N., Wise, C., Woods, P. and Harvey, J. (2003). *Distributed Leadership*. Nottingham, NCSL.

Bentley, T. and Gillinson, S. (2007). 'A "D and R System" for education'. London: Innovation Unit.

Berkun, S. (2007). *The Myths of Innovation*. Cambridge, MA: O'Reilly.

Berliner, D. (2005). 'Our impoverished view of Educational Reform'. *Teachers' College Record*. 12(6): 448–452.

Bernake, B. (2006). *Global Economic Integration: What's New and What's Not?* Paper presented at the Federal Reserve bank of Kansas City's 30th Annual Economic Symposium, 25 August: www.federalreserve.gov/boarddocs/speeches/2006.

Bevan, J. (2007). *The Rise and Fall of Marks & Spencer and How it Rose Again*. London: Profile Books.

Bryk, A. and Schneider, B. (2002). *Trust in schools*. USA: Russell Sage Foundation.

Caldwell, B. (2006). *Re-imagining Educational Leadership*. London: ACER Press and Sage.

Camburn, E., Rowan, B. and Taylor, J.E. (2003). 'Distributed leadership in schools: The case of elementary schools adopting comprehensive school reform models' [Electronic version]. *Educational Evaluation and Policy Analysis*. 25(4): 347–373.

Capra, F. (1996). *The Web of Life*. Canada: First Anchor Books.

Capra, F. (2002). *The Hidden Connections*. London: Doubleday.

Castells, M. (1996). *The Information Age: The Rise of the Networked Society*. London: Blackwell.

Chesbrough, H. (2003). 'The Era of Open Innovation'. *MIT Sloan Management Review*. 44(3).

Choo, C. (1998). *The Knowing Organization: How organisations use information to construct meaning, create knowledge, and make decisions*. New York: Oxford University Press.

Collarbone, P. (2005). 'Touching tomorrow: remodelling in English schools'. *Australian Economic Review*, 38(1): 75–82.

Collins, J. (2001). *Good To Great*. New York: Harper Business.

Colwell, H. and Hammersley-Fletcher, L. (2004). 'The emotionally literate primary school'. Paper presented at the *British Educational Research Association Annual Conference*, Manchester.

Copland, M.A. (2003). 'Leadership of inquiry: Building and sustaining capacity for school improvement'. *Educational Evaluation and Policy Analysis*. 24(4): 375–475.

Court, M. (2003). 'Towards democratic leadership: Co-principal initiatives' [Electronic version]. *International Journal of Leadership in Education*. 6(2): 161–183.

Creemers, B. (1994). *The Effective Classroom*. London: Cassell.

Crowther, F., Kaagan, S.S., Ferguson, M. and Hann, L. (2002). *Developing Teacher Leaders: How Teacher Leadership Enhances School Success*. Thousand Oaks, CA: Corwin Press.

Darwin, C, R. (1909). *The Origin of Species*. Harvard Classics. New York: P.F. Collier.

Datnow, A., Hubbard, L., Mehan, H. (2002). *Extending Educational Reform from One School to Many*. London: Falmer Press.

Day, C., Harris, A. and Hadfield, M. (1999). Challenging the Orthodoxy of Effective School Leadership. *American Educational Research Association Conference*, Montreal, Canada.

Day, C., Sammons, P., Harris, A., Hopkins, D., Leithwood, K., Gu, Q., Penlington, C., Mehta, P. and Kington, A. (2007). *The Impact Of School Leadership On Pupil Outcomes*. Interim report to the Department for Children, Schools and Families, London.

DfES (2002). *Time for Standards: Reforming the School Workforce*. DfES/0751/2002, London: HMSO.

DfES (2003). *Raising Standards and Tackling Workload: a National Agreement.* London: HMSO.

DfES (2004). *Every Child Matters.* DfES 1110–2004, London: HMSO.

DfES (2005). *Extended Schools: Access to opportunities and services for all: a prospectus* (184478 451 7). London: HMSO.

DfES (2007). *Independent Study into School Leadership.* London: Price Waterhouse Coopers.

Drath, W.H. and Palus, C.J. (1994). *Making Common Sense: Leadership as meaning-making in a community of practice.* Greensboro, NC: Center for Creative Leadership.

Einstein, A. (1954). *Ideas and Opinions.* New York: Random House.

Elmore, R. (2004). 'Knowing the Right Thing To Do: School Improvement and Performance-Based Accountability'. *NGA Centre for Best Practices,* USA.

Elmore, R. (2006). *The Problem of Capacity in the (Re) Design of Educational Accountability Systems.* Paper presented at 'Examining America's commitment to Closing Achievement Gaps' conference, Teachers College, Columbia University, 13–14 November.

Evans, L. (1998). *Teacher Morale, Job Satisfaction and Motivation.* London: Paul Chapman.

Fink, D. (2006). *Leadership for Mortals: Developing and Sustaining Leaders of Learning.* London: Paul Chapman Press.

Fitzgerald, T. and Gunter, H. (2007). 'Teacher leadership: a new myth for our time'. *American Educational Research Association Conference,* Chicago, USA.

Fletcher, J.K. and Kaufer, K. (2003). 'Shared leadership: Paradox and possibility'. In C.J. Pearce and C. Conger (eds), *Shared Leadership: Reframing the How and Whys of Leadership.* Thousand Oaks, CA: Sage, pp 21–47.

Friedman, T. (2006). *The World is Flat: A Brief History of the Twenty-First Century.* New York: Farrar, Straus and Groux.

Fullan, M. (2001). *Leading in a Culture of Change.* San Francisco, CA: Jossey-Bass.

Fullan, M. (2004). *System thinkers in action: moving beyond the standards plateau.* Nottingham, DfES.

Fullan, M. (2006). *Turnaround Leadership.* San Francisco, CA: Jossey-Bass.

Fullan, M., Hill, P. and Crevola, C. (2007). *Breakthrough.* Thousand Oaks, CA: Corwin Press.

Gastil, J. (1997). *A Definition and Illustration of Democratic Leadership.* Oxford, UK: Oxford University Press (pp. 155–178).

Gibb, C.A. (1954). *Handbook of Social Psychology.* Vol 4, 2nd edn. Reading, MA: Addison-Wesley: pp 205–282.

Giuliani, R. W. (2002). *Leadership.* Miramax Books.

Gladwell, M. (2000). *The Tipping Point.* New York, Little Brown.

Gold, A., Evans, J., Early, P., Halpin, D. and Collabone, P. (2002). *Principled principals? Evidence from ten case studies of 'outstanding' school teachers.* Paper presented at the annual meeting of the American Educational Research Association, New Orleans, LA.

Goldstein, J. (2004). 'Making sense of distributed leadership: the case of peer assistance and review'. *Educational Evaluation and Policy Analysis.* 26(2), 173–197.

Graetz, F. (2000). Strategic change leadership. *Management Decisions.* 38(8): 550–562.

Gronn, P. (2000). 'Distributed properties: A new architecture for leadership'. *Educational Management and Administration.* 28(3): 317–338.

Gronn, P. (2003). *The New Work of Educational Leaders: changing leadership practice in an era of school reform.* London: Paul Chapman.

Gunter, H. and Ribbins, P. (2003). 'Challenging the orthodoxy in school leadership studies: knowers, knowing and knowledge'. *School Leadership and Management.* 23(3): 267–290.

Gurr, D., Drysdale, L. and Mulford, B. (2005). 'Successful principal leadership: Australian case studies'. *Journal of Educational Administration.* 43(6): 539–551.

Hallinger, P. and Heck, R. (1996). 'Reassessing the principal's role in school effectiveness: A review of empirical research 1980–1995'. *Educational Administration Quarterly.* 32(1): 5–44.

Hallinger, P. and Heck, R. (2000). 'Educational change: Opening a window onto leadership as a cultural process'. *School Leadership and Management.* 20(2): 189–205.

Hankin, H. (2005). *The New Workforce: Five Sweeping Trends that will shape your company's future.* New York: Amacom Books.

Hargreaves, A. (2007). *Sustaining Leadership.* Keynote Address, Specialist Schools and Academies Trust National Conference, Birmingham, 28–30 November 2007.

Hargreaves, A. and Fink, D. (2006). *Sustainable Leadership.* San Francisco: Jossey-Bass.

Hargreaves, A. and Shirley, D. (2007). *Raising Achievement: Transforming Learning.* Boston: Lynch School of Education.

Hargreaves, D.H. (2003). *Annual Lecture of the London Leadership Centre.* London Leadership Centre.

Hargreaves, D.H. (2006). *A New Shape for Schooling?* London: Specialist Schools and Academies Trust.

Hargreaves, D.H. (2007). *System Redesign – 1.* London: London Specialist Schools and Academies Trust.

Hargreaves, A., Halasz, G. and Pont, B. (2007). *School Leadership for systemic improvement in Finland.* Paris: OECD.

Harris, A. (2002). 'Effective leadership in schools facing challenging circumstances'. *School Leadership and Management.* 22(1): 15–27.

Harris, A. (2003). 'Teacher leadership, heresy, fantasy or possibility?' *School Leadership and Management.* 23(3): 313–324. ISSN 1363–2434.

Harris, A. (2005). *Crossing Boundaries and Breaking Barriers: Distributing leadership in schools.* Specialist Schools Trust. http://www.sst-inet.net.

Harris, A. (2006). Opening up the Black Box of Leadership Practice: Taking a Distributed Perspective. *International Journal of Educational Administration* 34(2): 37–46.

Harris, A. (2007a). *Deep Leadership and Knowledge Creation.* Interim research report SSAT and NCSL, England.

Harris, A. (2007b). 'Distributed leadership: conceptual confusion and empirical reticence'. *International Journal of Leadership in Education.* 10(3): 1–11.

Harris, A. (2008). *Deep Leadership: An Evaluation.* England: SSAT and NCSL.

Harris, A. and Lambert, L. (2003). *Building Leadership Capacity for School Improvement.* Milton Keynes: Open University Press.

Harris, A. and Muijs, D. (2004). *Improving Schools Through Teacher Leadership.* London: Open University Press.

Harris, A. and Ranson, S. (2005) The contradictions of education policy: disadvantage and achievement *British Educational Research Journal.* 31(5): 571–587.

Harris, A. and Townsend, A. (2007). 'Developing leaders for tomorrow: releasing system potential'. In *School Leadership and Management.* 27(2): pp 169–179, ISSN 1363–2434.

Harris, A., Clarke, P., James, S., Harris, B. and Gunraj, J. (2006b). *Improving Schools in Difficulty.* London: Continuum Press.

Harris, A., Leithwood, K., Day, C., Sammons, P. and Hopkins, D. (2007). 'Distributed leadership and organisational change: reviewing the evidence'. *Journal of Educational Change.* Vol 8 pp 337–347.

Harris, A., Muijs, D. et al (2006a). 'Improving Schools in Challenging Contexts: Exploring the possible School Effectiveness and School Improvement'. *School Effectiveness and School Improvement.* 17(4): 409–425.

Heckscher, C. (2007). *The Collaborative Enterprise.* London: Yale.

Heller, M.F. and Firestone, W. (1995). 'Who's in charge here? Sources of leadership for change in eight schools'. *Elementary School Journal,* 96(1): 65–85.

Hopkins, D. (2001). *School improvement for Real.* London: Falmer Press.

Hopkins, D. and Jackson, D. (2003). 'Building the capacity for leading and learning' in Harris, A., Day, C., Hadfield, M., Hopkins, D., Hargreaves, A. and Chapman, C. *Effective Leadership for School Improvement.* London: Routledge.

Hopkins, D., Harris, A. and Jackson, D. (1997). 'Understanding the school's capacity for development: Growth states and strategies'. *School Leadership and Management.* 17(3): 401–411.

Hutchins, E.T. (1995). *Cognition in the Wild.* Cambridge, MA: MIT.

Imparato, N. and Harari, O. (2007). *Jumping the Curve: Innovation and Strategic Choice in an Age of Transition.* San Francisco: Jossey Bass Business and Management Series.

Jablin, F.M. (1987). 'Formal organisation structure'. In Jablin, F.M., Putnam, L.L., Roberts, K.H. and Porter, L.W. (eds), *Handbook of Organisational Communication: An Interdisciplinary Perspective.* Newbury Park, CA: Sage, pp 389–419.

Jackson, D. and Temperley, J. (2007). 'From professional learning community to networked learning community'. In Stoll, L. and Seashore Louis, K. *Professional Learning Communities.* New York: Open University Press.

Jermier, J.M. and Kerr, S. (1997). 'Substitutes for leadership: Their meaning and measurement – contextual recollections and current observations'. *The Leadership Quarterly.* (8): 95–101.

Keynes, J.M. (1936). *The General Theory of Employment, Interest and Money.* London: Macmillian.

Klein, N. (2007). *The Shock Doctrine: The Rise of Disaster Capitalism.* New York: Metropolitan Books.

Krogh, G., Ichijo, K. and Nonaka, I. (2006). *Enabling Knowledge Creation.* Oxford: Oxford University Press.

Kuhn, T.S. (1962). *The Structure of Scientific Revolutions.* Chicago: University of Chicago Press.

Lakomski, G. (2005). *Managing Without Leadership: Towards a Theory of Organisational Functioning.* London: Elsevier.

Lashway, L. (2003). 'Distributed Leadership'. *Research Roundup.* 19(4): 1–6.

Lave, J. and Wenger, E. (1991) *Situated Learning: Legitimate Peripheral Participation.* Cambridge, MA: Cambridge University Press.

Leithwood, K. and Jantzi, D. (2000). The effects of different sources of leadership on student engagement in school. In Riley, K. and Louis, K. (eds), *Leadership For Change and School Reform.* London: Routledge, pp 50–66.

Leithwood, K., Seashore-Louis, K., Anderson, S. and Wahlstrom, K. (2004). *How Leadership Influences Student Learning: A review of research for the Learning from Leadership Project,* New York: Wallace Foundation.

Leithwood, K., Mascall, B., Strauss, T., Sacks, R., Memon, N. and Yashkina, A. (2006a). 'Distributing leadership to make schools smarter'. *Leadership and Policy.* 6(1): 37–67.

Leithwood, K., Day, C., Sammons, P., Harris, A. and Hopkins, D. (2006b), *Seven Strong Claims about Successful Leadership.* London: DfES.

Leithwood, K., Day, C., Sammons, P., Harris, A. and Hopkins, D. (2007). *Leadership and Student Learning Outcomes, Interim Report.* London: DCSF.

Leithwood et al (2008). *Distributed Leadership.* Netherlands: Springer Press.

Levin, M. (2006). 'Can research improve educational leadership?' *Educational Researcher*. 35(8): 38–44.

Levine, A. (2005). *Educating School Leaders*. New York: The Education School Project.

Lieberman, A. (2007). 'Professional learning communities: a reflection'. In Stoll, L. and Seashore-Louis, K., *Professional Learning Communities*. New York: Open University Press.

Lima, A. (2007). Teachers' professional development in departmentalised, loosely coupled organisations: Lessons for school improvement from a case study of two curriculum departments. *School Effectiveness and School Improvement*. 18(3): 273–301.

Little, J.W. (1990). The persistence of privacy: Autonomy and initiative in teachers' professional relations. *Teachers College Record*. 91(4): 509–536.

Lindsay, G., Muijs, D., Harris, A., Chapman, C., Arweck, E. and Goodall, J. (2007). *Evaluation of Federations*, Final Report, London: DCSF.

Locke, E.A. (2002). 'The leaders as integrator: The case of Jack Welch at General Electric'. In Neider, L.L. and Schriesheim, C. (eds), *Leadership*. Greenwich, CT: Information Age Publishing, pp 1–22.

MacBeath, J. (ed.) (1998). *Effective School Leadership: Responding to Change*. London: Paul Chapman.

MacBeath, J. (2005). 'Leadership as distributed: a matter of practice'. *School Leadership & Management*. 25(4): 349–366.

McKinsey & Company (2007). *How the World's Best Performing Systems Come Out On Top*. London: McKinsey.

Mantell, W. (2007). *Education by numbers: the damaging treadmill of school tests*. London: Politico.

Martin, J. and Frost, P. (1996). 'The organisational culture war games: A struggle for intellectual dominance'. In Clegg, S.R., Hardy, C. and Nord, W.R. (eds), *Handbook of Organisational Studies*. London: Sage, pp 599–621.

Marzano, R.J., Waters, T. and McNulty, B.A. (2005). *School Leadership That Works: From Research to Results*. Alexandria, VA: Association for Supervision and Curriculum Development.

Morrisey, M. (2000). *Professional Learning Communities: An Ongoing Exploration*. Austin, TX: Southwest Educational Development Laboratory.

Murphy, J. (1988). 'The characteristics of instructionally effective school districts'. *Journal of Educational Research*. 81(3): 176–181.

Murphy, J. (2005). *Connecting Teacher Leadership and School Improvement*. Thousand Oaks, CA: Corwin Press.

Murphy, J. and C. Meyers (2008). *Turning Around Failing Schools: Leadership Lessons From the Corporate and Non-Profit Sectors*. Thousand Oaks, CA: Corwin Press.

Murphy, J., Goldring, E. and Porter, A. (2006). *Leadership for Learning: A Research-Based Model and Taxonomy of Behaviours*. Wallace Foundation State Action for Educational Leadership Conference. Saint Louis.

NCSL (2006). *Succession Planning: Formal Advice to the Secretary of State*. Nottingham: NCSL.

Nias, J., Southworth, Geoff; Yeomans, Robin (1989). 'The culture of collaboration. Chapter 4 in *Staff Relationships in the Primary School*. London: Cassell, pp 47–74.

Nonaka, I. and Takeuchi, H. (1995). *The Knowledge-Creating Company: How Japanese Companies Create the Dynamics of Innovation*. Oxford: Oxford University Press.

Obolensky, N. (2008). 'Chaos Leadership and Polyarchy – countering leadership stress?' *Extended Essay Series, Centre for Leadership Studies,* University of Exeter.

Ogawa, R.T. and Bossert, S.T. (1995). 'Leadership as an Organisational Quality'. *Educational Administration Quarterly*: 31.

OECD Centre for Educational Research and Innovation (CERI) (2000). *Innovating Schools*. Paris: OECD.

OECD (CERI) (2005). Istance, D., Ackalen, P. and Vincent Lancrin, S. *Schooling for Tomorrow*. Paris: OECD September.

OfSTED (2000). 'Educational inequality, mapping race, class . . .'. London: Office for Standards in Education.

OfSTED (2007). *Reforming and Developing the School Workforce*. London: HMSO.

Pearce, C.J. and Conger, C. (2003). *Shared Leadership: Reframing the Hows and Whys of Leadership*. Thousand Oaks, CA: Sage.

Peterson, K.D. (2002). 'The professional development of principals: innovations and opportunities', in Young, M.D. *Ensuring the University's Capacity to Prepare Learning Focused Leadership*. Columbia, MO: National Commission for the Advancement of Educational Leadership Preparation.

Portin, B.S. (1998). 'Compounding roles: A study of Washington's principals'. *International Journal of Educational Research*. 29(4): 381–391.

Pounder, D.G., Ogawa, R.T. and Adams, E.A. (1995). 'Leadership as an organisationwide phenomena: Its impact on school performance'. *Educational Administration Quarterly*. 31(4): 564–588.

Prigogine, I. (1985). *Order out of Chaos*. New York, Bantam.

Reich, R. (2000). *The Future of Success: Working and Living in the New Economy*. New York: First Vintage Books.

Resnick, L.B. and Spillane, J.P. (2006). From individual learning to organisational designs for learning', in Verschaffel, L., Dochy, F., Boekaerts, M. and Vosniadou, S. (eds), *Instructional Psychology: Past, Present and Future Trends. Sixteen essays in honor of Erik De Corte* (Advances in Learning and Instruction Series). Oxford: Pergamon.

Reynolds, D., Harris, A., Clarke, P., Harris, B. and James, S. (2006). 'Challenging the Challenged: Improving Schools in exceptionally challenging circumstances'. *School Effectiveness and School Improvement*. 17(4): 425–441, ISSN 0924–3453.

Reynolds, D., Sammons, P., Stoll, L. and Barber, M. (1995). 'School Effectiveness and School Improvement in the United Kingdom'. Chapter 5 in Cheemers, B.P.M. and Osinga, N. (eds), *ICSEI Country Report*. Leeuwarden, The Netherlands: ICSEI, 21: 60–80.

Rosenholtz, S.J. (1989). *Teachers' Workplace: The Social Organization of Schools*. New York: Longman.

Schumpeter, J.A. (1942). *The Process of Creative Destruction*. London, Unwin.

Senge, P. (1990). *The Fifth Discipline. The art and practice of the learning organisation*. New York: Doubleday.

Senge, P. et al (1994). *The Fifth Discipline Fieldbook: Strategies and Tools for Building a Learning Organization*. New York: Doubleday.

Senge, P., Kleiner, A., Roberts, C., Ross, R., Roth, G. and Smith, B. (1999). *The Dance of Change: The Challenges of Sustaining Momentum in Learning Organizations*. New York: Doubleday/Currency).

Senge, P., Scharmer, C.O., Jawroski, J. and Flowers, B. (2005). *Presence – Exploring Profound Change in People, Organisations and Society*. London: Nicholas Brealey Publishing.

Sergiovanni, T.J. (1992). 'Leadership as stewardship: "Who's serving who?" ' *Moral Leadership: Getting to the Heart of School Improvement*. San Francisco, Jossey-Bass: 119–140.

Sergiovanni, T.J. (2001). 'New Leadership, roles and competencies'. In *Leadership: What's in it for Schools?* London, Routledge Falmer: 38–58.

Shelley, H. (1960). 'Focused leadership and cohesiveness in small groups'. *Sociometry*. 23: 209–216.

Silins, H. and Mulford, W. (2002). *Leadership and School Results*. Dordrecht, The Netherlands: Kluwer.

Smylie, M. and Hart, A. (1999). 'School leadership for teacher learning and change: A human and social capital development perspective'. In J. Murphy and K.S. Louis (eds), *Handbook of research on educational administration* (2nd edn). San Francisco: Jossey-Bass: 421–441.

Spillane, J.P. (2006). *Distributed Leadership*. San Francisco, CA: Jossey-Bass.

Spillane, J.P. and Camburn, E. (2006). The practice of leading and managing: The distribution of responsibility for leadership and management in the schoolhouse. *American Educational Research Association*. San Francisco, CA.

Spillane, J. and Diamond, J.B. (2007) *Distributed Leadership in Practice*. New York: Teachers College Press, Columbia University.

Spillane, J.P., Zoltners Sherer, J. (2004). 'A Distributed Perspective on School Leadership: Leadership Practice as Stretched Over People and Place'. Paper prepared for presentation at the *Annual Meeting of the American Educational Research Association*, San Diego, April.

Spillane, J.P., Diamond, J.B. and Jita, L. (2003). 'Leading instruction: The distribution of leadership for instruction' [Electronic version]. *Journal of Curriculum Studies*. 35(5): 533–543.

Spillane, J.P., Halverson, R. and Diamond, J.B. (2001). 'Towards a theory of leadership practice: A distributed perspective'. *Journal of Curriculum Studies*. 36(1): 3–34.

Spillane, J.P., Camburn, E. and Pareja, A.S. (2007). Taking a distributed perspective to the school principal's workday. *Leadership and Policy in Schools*. 6(1): 103–125.

Stiglitz, J. (2006). 'Make globalisation work for everyone'. *The Straights Times*. 8 September, 25.

Stoll, L. and Fink, D. (1996). *Changing Our Schools*. Buckingham: Open University Press. 13: 1–12.

Stoll, L. and Seashore-Louis, K. (2007). *Professional Learning Communities*. New York: Open University Press.

Storey, A. (2004). 'The problem of distributed leadership in schools'. *School Leadership & Management*. 24(3): 249–265.

Sullivan, H. and Skelcher, C. (2003). 'Working Across Boundaries: Collaboration in Public Services', *Health & Social Care in the Community*. 11(2): 185.

Surowiecki, James (2004). *The Wisdom of Crowds: Why the Many Are Smarter Than the Few and How Collective Wisdom Shapes Business, Economies, Societies and Nations*. New York: Little, Brown.

Taylor, C. (2004). *Modern Social Imaginaries*. New York: Duke University Press.

Timperley, H. (2005). 'Distributed Leadership: Developing theory from practice'. *Journal of Curriculum Studies*. 37(4): 395–420.

Toffler, A. (1985). *The Adaptive Corporation*. London: Pan Books.

Townsend, T. (ed.) (2007). *International Handbook of School Effectiveness and School Improvement*. Netherlands: Springer.

Vroom, V. and Yago, A.I. (1998). *Situation Effects and Levels of Analysis in the Study of Leadership Participation*. Stamford, CT: JAI Press.

Wageman, R., Nunes, D., Burruss, J. and Hackman, J. (2008). *Senior Leadership Teams: What it takes to make them great*. Cambridge:Harvard Business School Press.

Ward, Helen and Bloom, Adi (2007). 'Test drive harms links with parents'. *Times Educational Supplement*. 14 December.

Weick, K.E. (1976). 'Educational organisations as loosely coupled systems'. *Phi Delta Kappan*. 63(10): 673–676.

Wenger, E. (1998). *Communities of Practice: Learning Meaning and Identity*. New York: Cambridge University Press.

Wenger, E., McDermott, R. and Snyder, W. (2000). *Cultivating Communities of Practice: A Guide to Managing Knowledge*. Cambridge, MA Harvard Business School Press.

Wheatley, M. (1999). *Leadership and the New Science*. San Francisco: Berrett Koehler.

West, A. and Penell, H. (2003). *Underachievement in Schools*. London: Routledge.

Wilkinson, R.G. (2005). *The Impact of Inequality: How to Make Sick Societies Healthier*. New York: New Press.

Youngs, H. (2007). 'Having the presence and courage to see beyond the familiar: Challenging our habitual assumptions of school leadership'. *Paper presented at ACEL and ASCD Conference*, 10–12 October, Sydney.

Zhao, Y. (2007). 'Education in the Flat World'. *Phi Delta Kappa International*. 2(4): 3–18.

Zuboff, S. and Maxim, J. (2002). *The Support Economy*. London: Penguin.

Index

찾아보기

역자소개

옮긴이

이석열
충남대학교 교육학과 박사
한국대학교육협의회 선임연구원 역임
현재 남서울대학교 교양학부 교수

김규태
동국대학교 교육학과 박사
한국교육개발원 부연구위원 역임
현재 미국 텍사스대학교(오스틴) 교육행정학과 박사

주영효
고려대학교 교육행정학과 석사
한국교육개발원 연구원 역임
현재 미국 텍사스대학교(오스틴) 교육행정학과 박사과정

손보라
연세대학교 교육학과 석사
한국교육개발원 연구원 역임
현재 미국 텍사스대학교(오스틴) 교육행정학과 박사과정